Schwäbischer Heimatkalender 2015

Herausgegeben von
Wolfgang Walker

In Zusammenarbeit mit

dem Schwäbischen Albverein,
dem Schwäbischen Heimatbund,
dem LandFrauenverband
Württemberg-Baden,
dem NABU Baden-Württemberg
und dem Schwarzwaldverein

Schwäbischer
Albverein

SHB
SCHWÄBISCHER
HEIMATBUND

Land Frauen
LandFrauenverband Württemberg-Baden e.V.

NABU
Baden-Württemberg

Schwarzwaldverein

ISBN 978-3-17-024862-5
126. Jahrgang
Verlag W. Kohlhammer

WEINGÄRTNER
ESSLINGEN

Entdecken und genießen Sie unsere feinen typischen Weine

jeden Samstag, 12 - 16 Uhr | Burgblicktreff

Einkaufen in der Stadt und danach genießen im schönen Innenhof der Webergasse 7, von März bis Oktober.

19. - 22. September 2014 | Weinfest 2014

Esslinger Weinfest rund um die Kelter mit buntem Rahmenprogramm, an der Kelter Esslingen-Mettingen.

9. November 2014 | Weinprobiertag

Verkosten Sie unsere hervorragenden Weine und Sekte, entdecken und probieren Sie viel Neues, lassen Sie sich von unseren Präsentideen inspirieren.
Eintritt: 5€/Person.
Im Saal der Kelter in Esslingen-Mettingen.

Weingärtner Esslingen eG • Lerchenbergstraße 16 • D-73733 Esslingen-Mettingen
info@weingaertner-esslingen.de • www.weingaertner-esslingen.de

Inhaltsverzeichnis

JANUAR

Persönliche Termine

1	**Do**	**Neujahr**
2	Fr	
3	Sa	
4	**So**	
5	Mo	
6	**Di**	**Heilige Drei Könige**
		Erscheinungsfest
7	Mi	
8	Do	
9	Fr	
10	Sa	
11	**So**	
12	Mo	
13	Di	
14	Mi	
15	Do	
16	Fr	
17	Sa	
18	**So**	
19	Mo	
20	Di	
21	Mi	
22	Do	
23	Fr	
24	Sa	
25	**So**	
26	Mo	
27	Di	
28	Mi	
29	Do	
30	Fr	
31	Sa	

Was ist los im Ländle?

bis 12.4. Im Zeichen des Krieges - Ravensburg und der Erste Weltkrieg, Humpis-Quartier Ravensburg
2.1.–1.2. Pfullendorfer Eiszelt
2.1.–15.5. Ägypten Land der Unsterblichkeit, Reiss-Engelhorn-Museen Mannheim
7.1.–8.2. Käthe-Kruse-Puppen-Ausstellung auf der Blumeninsel Mainau
8.1. Reutlinger Mutscheltag
8.1.–11.1. Jagd- und Fischereimesse Ulm
10.1.–11.1. Trau Dich!, Messe Stuttgart
18.1. Narrentreffen Ettenheim
17.1.–25.1. CMT, Messe Stuttgart
22.1.–24.1. Antiquaria Ludwigsburg
23.1.–25.1. Stuttgarter Antiquariatsmesse
24.1.–25.1. Landschaftstreffen der Plätzlerzunft Altdorf-Weingarten
30.1.–31.1. binea: Bildungsmesse Neckar-Alb, Messe Reutlingen

Allgemeine Brauchtumstermine

2.1.–6.1. Sternsingergruppen ziehen von Haus zu Haus
22.1. Vinzenztag: Schutzpatron der im Wald Beschäftigten; Gedenken an verunglückte und getötete Holzarbeiter
23.1. Mariä Vermählung: Verehrung des Verlobungsrings Mariä in Perugia

Der Hundertjährige

1.1.–4.1 trüb und mittelkalt
5.1. Regen fällt und Schnee
6.1. schneit noch ein wenig
7.1.–9.1. es ist trüb
10.1. es fällt wieder Schnee
11.1.–12.1. windig und trüb
13.1. bringt Schnee
14.1.–16.1. trüb und mittelkalt
17.1. hellt auf
18.1.–19.1. klar und kalt
20.1. herrscht grimmige Kälte
21.1.–22.1. es gibt Wind und Schnee
23.1.–24.1. klar und sehr kalt
25.1.–26.1. es herrscht unerhörte Kälte
27.1.–30.1. es fällt Schnee und es ist sehr windig
31.1. es herrscht übergrimmige Kälte

Bauernregel
Die Neujahrsnacht hell und klar
deutet auf ein reiches Jahr.

Die Motorworld Region Stuttgart auf dem Flugfeld in Böblingen

In den denkmalgeschützten Hallen des ehemaligen Landesflughafens Württemberg direkt an der A 81 und unweit des Daimler-Werks Sindelfingen befindet sich für Oldtimer-Liebhaber das inzwischen weit über die Grenzen Baden-Württembergs hinaus bekannte Mekka des Motorsports, das seit seiner Eröffnung im Jahr 2009 als *Meilenwerk*, nun unter dem Namen Motorworld, erweitert und zum Treffpunkt der nationalen und internationalen Szene geworden ist. Angesprochen wird jede Altersgruppe – Familien, Geschäftsleute, Touristen, Kauf- und Unternehmungslustige, Biker, Automobilenthusiasten.

Prominente wie der ehemalige Fußballstar Günther Netzer und die Jung- bzw. Altrennfahrer, Sebastian Vettel, Heinz Harald Frentzen, Markus Winkelhock, Hans Herrmann und andere zählen zu den regelmäßigen Gästen. Der PS-begeisterte Besucher kann sich sogar ohne Eintrittsgeld in der Ausstellung dieser fantastischen, edel glänzenden Ferraris, Lamborghinis, Maseratis, Bentleys, Mc Larens auf eine nostalgische Tour zu Fuß begeben oder als passionierter Biker eine Harley-Davidson mieten, um seinem Hobby zu frönen.

Tja, so mancher wird sich in eines der ausgestellten Fahrzeuge verlieben. Und die ausstellenden Sport- und Luxusfahrzeuge-Spezialisten wie die Autohäuser Gohm und Bechtel verkaufen ihre hochglanzpolierten Edelstücke sehr gerne, auch wenn die Preise leider nicht für jeden Geldbeutel erschwinglich sind. Jüngere und ältere Modelle aller Premium-Automarken, von Daimler, Porsche über Ford bis zu Rolls Royce, Jaguar und Bentley werden übrigens auch im Auftrag von privaten Liebhabern angeboten und verkauft.

Weitere Firmen, die sich um Gutachtenerstellung, Restaurierung, Sicherheit, Transport und Logistik, Ausstattung von Fahrzeugen kümmern, ergänzen den klassischen Automobil- und Motorradbereich um weitere interessante Facetten, sodass die „Motorwelt" über ein komplettes Dienstleistungszentrum „aus erster Hand" verfügt.

Im April 2013 wurde Europas größtes Zentrum für Fahrkultur feierlich eröffnet und erstreckt sich nunmehr auf fast 30 000 qm, einer Fläche, die mehr als drei mal so groß wie der Kölner Dom ist. Rund 30 000 Besucher konnten sich bisher an Hunderten von Oldtimern erfreuen, die *Hans Herrmann Retrospektive* wurde vom legendären Rennfahrer selbst eröffnet.

Auf dem Rundgang muss niemand hungern oder dürsten, gibt es doch relativ preiswerte Einrichtungen, vom Steakhouse im *Tower 66* neben den Verkaufsflächen der exklusiven amerikanischen Luxusmarke Harley-Davidson (Motto: *Get your kicks on Route 66*) bis zur Hausbrauerei, köstlichen italienischen Küche oder echten Kaffeehauskultur. Außerdem gibt es eine Event-Gastronomie, die für Tagungen, Feiern, Hochzeiten, Jubiläen aller Art sowie mehrtägige Veranstaltungen inklusive Übernachtungen bereitsteht.

Wer gerne im historischen Flughafengebäude mit einem außergewöhnlichen Ambiente übernachten und sich dabei in Betten, die als Autokarosserien gestaltet sind, legen möchte, der ist in den verschiedenen Themenzimmern des V8-Hotels richtig, das verschiedene Arrangements vom Single bis zur Familie anbietet.

Monica Wejwar

Nähere Informationen
www. motorworld.de
Motorworld Region Stuttgart, Graf-Zeppelin-Platz, 71034 Böblingen

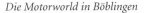

Die Motorworld in Böblingen

FEBRUAR

Persönliche Termine

1	**So**	
2	Mo	Lichtmess
3	Di	
4	Mi	
5	Di	
6	Fr	
7	Sa	
8	**So**	
9	Mo	
10	Di	
11	Mi	
12	Do	
13	Fr	
14	Sa	Valentinstag
15	**So**	
16	Mo	Rosenmontag
17	Di	
18	Mi	Aschermittwoch
19	Do	
20	Fr	
21	Sa	
22	**So**	
23	Mo	
24	Di	
25	Mi	
26	Do	
27	Fr	
28	Sa	

Was ist los im Ländle?

1.2. Stockacher Narrengericht
2.2. Lichtmessfest Oberderdingen
6.2.–10.2. Leonberger Pferdemarkt
11.2. Stadtfeiertag Crailsheim
11.2. Hemdglonker Radolfzell
12.2. Gumpiger Donnerstag Bad Waldsee
12.2. Rathaussturm Bietigheim-Bissingen
13.2. Großer Närrischer Nachtumzug Ochsenhausen
14.2. Faschingsumzug in Kerkingen
16.2. 10. Großer Calwer Nachtumzug
16.2. 192. Öhringer Pferdemarkt
16.2.–17.2. Rottweiler Narrensprung
17.2. Isnyer Fasnetsumzug
21.2.–23.2. Heilbronner Pferdemarkt
21.2.–22.2. Fly-In der Skiflieger Isny
25.2.–8.3. Kinder- und Jugendbuchwochen Stuttgart

Allgemeine Brauchtumstermine

2.2. Mariä Lichtmess: klassischer Lostag, an dem Dienstboten entlassen oder neu eingestellt wurden; das Fest erinnert an die Darstellung Jesu im Tempel
3.2. Blasiussegen: Der Segen wird mit gekreuzten Kerzen gespendet und sollte ursprünglich vor dem Verschlucken von und Ersticken an Fischgräten, heute hauptsächlich vor Halskrankheiten bewahren

Der Hundertjährige

1.2.–4.2. es ist sehr kalt
5.2.–6.2. es schneit, nachts ist es kalt
7.2. es ist kälter als jemals, es friert bis in die Keller
8.2.–9.2. die Kälte wird schlimmer, die Amseln erfrieren
10.2. es ist etwas milder, doch immer noch grimmig kalt
11.2.–13.2. es gibt starken Wind und Schnee, es bleibt kalt
14. es ist trüb
15.2.–16.2. es fällt viel Schnee
17.2. es ist trüb und lind, es schneit ein wenig, nachts ist es weiterhin kalt
18.2. trüb
19.2. warm und schön
20.2.–27.2. es fällt Regen, so dass die Schneemassen zum größten Teil wegschmelzen
28. in der Frühe gibt es Morgenröte und ein klein wenig Frost

---

Bauernregel
Wenn es Lichtmeß stürmt und schneit,
ist der Frühling nicht mehr weit.

Käthe-Kruse-Puppen-Ausstellung auf der Insel Mainau

Die Blumeninsel Mainau zu besuchen, lohnt sich nicht nur im Sommer. Wenn die Pflanzen ihren Winterschlaf halten oder in Gewächshäusern bei wohligen Temperaturen überwintern, bietet die Insel Mainau ihre Winterausstellung an. Unter dem Titel „Geliebt, bespielt und unvergessen – Die Welt der Käthe Kruse Puppen" wird sie vom 14. November 2014 bis zum 8. Februar 2015 im Mainauer Schloss gezeigt.

Um die Jahrhundertwende wurden Puppen zum neuen Spielzeug, zuvor dienten zum Beispiel Puppenhäuser zur Vorbereitung des Mädchens auf Aufgaben im bürgerlichen Haushalt. Puppen und Teddybären traten jetzt ihren Siegeszug an. Käthe Kruse fertigte ihre erste Puppe für ihre Tochter, weitere wurden dann für ihre Bekanntschaft und die nähere Umgebung hergestellt. Um 1910 erfuhren die Puppen größere Aufmerksamkeit, im Berliner Kaufhaus von Hermann Tietz wurden die Puppen verkauft und schließlich sicherten Aufträge aus Amerika den Aufbau einer kleinen Puppenmanufaktur.

Je länger Käthe Kruse Puppen erschuf, umso lebensechter und realistischer wurden die Puppen. Der große Vorteil der Kruse-Puppen war offensichtlich, man konnte mit ihnen spielen. Puppen waren zuvor begehrte und teure Sammlerobjekte, die aufwändig hergestellt wurden. Die Krusepuppen waren da ganz anders, man konnte sie liebhaben, mit ihnen spielen und rumtoben. Entsprechend sahen die Puppen nach kurzer Zeit aus, sie waren „bespielt".

In den folgenden Jahren prosperierte die kleine Puppenmanufaktur, im Zweiten Weltkrieg erlitt die Firma durch den Wegfall des Puppenexports und des allgemeinen Materialmangels erhebliche Einbußen. Nach Kriegsende wurde der Kruse-Betrieb zum Volkseigenen Betrieb erklärt, während Kruses Söhne in Bad Pyrmont und Donauwörth neue Manufakturen aufbauten. Nachdem ab den 1960er Jahren immer billigeres Plastikspielzeug, schließlich auch aus Asien, den Markt überschwemmte, wurden Käthe-Kruse-Puppen wieder zu Sammlerobjekten. Auch wenn sich natürlich die Produktpalette erweitert hat und es viel mehr Spielzeug als „nur" Puppen zu erwerben gibt.

Die Ausstellung bietet einen Überblick über diese abwechslungsreiche Geschichte der Firma, zeigt bekannte, aber auch selten Puppen aus der Käthe-Kruse-Werkstatt und man kann seine eigene Kreativität im Marie-Kruse-Atelier ausleben und versuchen, selbst eine Puppe herzustellen.

Die Blumeninsel Mainau freut sich auf den Besuch, im Sommer lassen sich die herrlichen Blumen entdecken, im Winter lockt die Winterausstellung 2015 mit geliebten Käthe-Kruse-Puppen.

Daniel Kuhn

DIE BLUMENINSEL · MAINAU · IM BODENSEE

Insel Mainau

EINE AUSSTELLUNG DER KÄTHE KRUSE GMBH

„Geliebt, gespielt und unvergessen – Die Welt der Käthe Kruse Puppen"

WINTERAUSSTELLUNG AUF SCHLOSS MAINAU
VOM 14. NOVEMBER 2014 BIS 8. FEBRUAR 2015

Tel.: +49 (0) 7531/303-0 | info@mainau.de | www.mainau.de

Nähere Informationen
www.mainau.de
info@mainau.de
Tel.: 07531 / 30 30

MÄRZ

Persönliche Termine

1	**So**
2	Mo
3	Di
4	Mi
5	Do
6	Fr
7	Sa
8	**So**
9	Mo
10	Di
11	Mi
12	Do
13	Fr
14	Sa
15	**So**
16	Mo
17	Di
18	Mi
19	Do Josefstag
20	Fr Frühlingsanfang
21	Sa
22	**So**
23	Mo
24	Di
25	Mi
26	Do
27	Fr
28	Sa
29	**So Palmsonntag**
30	Mo
31	Di

Was ist los im Ländle?

1.3.–21.3. Reutlinger Mundartwochen

1.3.–8.3. fdf – für die Familie, Festplatz Tübingen

6.3. Klassik auf Schloss Liebenstein, Neckarwestheim

8.3. Preisträgerkonzert Regionalwettbewerb Jugend musiziert, Bruchsal

14.–15.3. Internationale Ostereierbörse mit Künstlermarkt, Fellbach

15.3. Straßdorfer Frühling, Schwäbisch Gmünd

15.3. Nördlinger Frühjahrsmarkt

19.3.–22.3. 22. Internationales KinderKindoFestival Schwäbisch Gmünd

19.3. Josefsmarkt Oedheim

19.3. Josefstag Bad Schussenried

21.3. 2. Stadt- und Seepuzete Radolfzell

21.3.–30.4. Frühlingserwachen in Rothenburg o. T.

22.3. PlochingerFrühling

22.3. 13. Gmünder Pferdetag, Schwäbisch Gmünd

28.3. Supersamstag „Fit in den Frühling" Weingarten

Allgemeine Brauchtumstermine

Josefstag: Nährvater Jesu; Patron der Familienväter und der Sterbenden; Weihe von Broten an seinem Hochfest

Palmsonntag: Weihe von Palmzweigen zum Gedenken des Einzugs Jesu in Jerusalem; in katholischen Gegenden erhalten Kinder von den Paten im Austausch ein kleines Geschenk

Der Hundertjährige

1.3. starke Winde, es fällt morgens Schnee, abends Regen und Schnee, es ist kalt

2.3.–3.3. es gibt schönen Sonnenschein

4.3.–7.3. Regen fällt

8.3. es ist trüb und windig

9.3. warm, nachts fällt kalter Regen

10.3. bringt Schnee

11.3. rauh

12.3.–13.3. schön, aber morgens ist es hart gefroren

14.3. es fallen Graupelschauer

15.3.–16.3. klar und kalt

17.3. –18.3. ist windig bei sehr scharfer Luft

19.3.–20.3. viel Schnee, es ist sehr kalt und windig

21.3.–23.3. es ist sehr kalt

24.3.–31.3. morgens ständig hart gefroren, während es dann wieder taut

---

Bauernregel

Märzenschnee und Jungfernpracht
halten oft nur eine Nacht.

Eine Perle Oberschwabens –
Das Bauernhausmuseum Wolfegg

Ein Besuch im Wolfegger Bauernhausmuseum ist ein Erlebnis, insgesamt 15 historische Gebäude erzählen vom Leben wie es früher war. Dörflicher Alltag und beschwerliches Leben, das Ringen um die Existenz, aber auch die Schönheit der Natur, dies alles wird bei einem Rundgang durch das Museum erfahrbar. Neben den eher „klassischen" Gebäuden wie Wohnhaus, Stall und Scheune mit Backhaus, findet sich auch manches aus der Vormoderne: So zeigt eine Trafostation, wie die Elektrizität auf dem Lande einzog. Und ein Windrad, das von 1907 bis 1960 Wasser auf einem Einödhof pumpte, bis es von einer elektrischen Kolbenpumpe verdrängt wurde, zeigt, dass schon vor 100 Jahren alternative Energien genutzt und geschätzt wurden. Ein Besuch mit Kindern ist besonders spannend, denn ihnen zuzuschauen, wie sie diese längst vergangene Welt wiederentdecken, macht große Freude. Das museumspädagogische Programm bietet viel Abwechslung und Raum für einzigartige Erlebnisse. Erreichen kann man das Bauernhausmuseum leicht mit dem Auto oder dem öffentlichen Nahverkehr zur eigenen Haltestelle des Bauernhausmuseums. Neben den historischen Gebäuden laden auch zahlreiche Veranstaltungen zum Besuch ein und machen diesen zu einem unvergesslichen Erlebnis. Wer möchte nicht auch einmal den Käsemarkt besuchen, sich alte Schlepper und Traktoren anschauen oder einmal bei einer Hausschlachtung dabei sein. Großveranstaltungen wie der alle zwei Jahre stattfindende Eseltag zieht Eselliebhaber aus Nah und Fern an. Ländliches Leben zur Zeit unserer Groß- und Urgroßeltern wird im Bauernhausmuseum Wolfegg erfahr- und erlebbar. Sonderausstellungen rund um das Alltagsleben in Oberschwaben vermitteln viel Wissenswertes, wobei auch schwierige Themen wie das Schicksal der Schwabenkinder, nicht ausgespart werden.

Daniel Kuhn

APRIL

    Was ist los im Ländle?

1	Mi	
2	Do	Gründonnerstag
3	**Fr**	**Karfreitag**
4	Sa	
5	**So**	**Ostersonntag**
6	**Mo**	**Ostermontag**
7	Di	
8	Mi	
9	Do	
10	Fr	
11	Sa	
12	**So**	**Weißer Sonntag**
13	Mo	
14	Di	
15	Mi	
16	Do	
17	Fr	
18	Sa	
19	**So**	
20	Mo	
21	Di	
22	Mi	
23	Do	
24	Fr	
25	Sa	
26	**So**	
27	Mo	
28	Di	
29	Mi	
30	Do	

Was ist los im Ländle?

4.4.–6.4. Kunsthandwerkermarkt Maulbronn
6.4. Beilsteiner Ostermontagsmarkt
9.4.–12.4. Garten Outdoor Ambiente, Stuttgart
11.4. Ravensburger E-Mobilitätstag
11.4.–12.4. Leonberger Autoschau
12.4. „Utopolis" – Wir entwerfen unsere Stadt von morgen, Bruchsal
12.4. Glühweintag der Weingärtner Esslingen
15.4.–22.4. 22. Cinelatino, Tübingen
16.4.–26.4. PODIUM Junges Europäisches Musikfestival, Esslingen
18.4.–19.4. Schäfertage Freilichtmuseum Beuren
18.4.–10.5. Stuttgarter Frühlingsfest
19.4. Backnanger Tulpenfrühling
19.4. Wieslocher Frühlingsmarkt
23.4.–1.5. Öhringer Woche
25.4.–26.4. Esslinger Frühling und Gartentag
25.4. Regionalmarkt und Klimatag Tübingen
26.4. Bodenseefestival Bedrich Smetana, Weingarten
26.4. Baden-Württemberg-Tag, Bruchsal
28.4. Banane und Peperoni, Kindertheater, Mühlehof, Mühlacker
30.4. Fellbach-Hopf

Allgemeine Brauchtumstermine

1.4.: Jemanden in den April schicken; Aprilscherze
Weißer Sonntag: Oktav nach Ostern; traditioneller Tag der ersten Kommunion
30.4.: Walpurgisnacht: traditionelle Nacht des Schabernacks

Der Hundertjährige

1.4.–2.4. kalt
3.4.–5.4. sehr schön und warm
6.4.–7.4. es regnet, Wind und teilweise Platzregen
8.4.–11.4. es ist wieder schön warm
12.4. es folgen Regengüsse und Gewitter
13.4.–14.4. schöne Tage
15.4.–21.4. es gibt Regenfälle mit Gewitter
22.4.–23.4. es herrscht rauhe Luft
24.4.–25.4. sehr kalt und starker Wind
26.4.–29.4. es ist sehr rauh und kalt, dabei auch trübe
29.4.–30.4. Regengüsse

Bauernregel

Wenn der April bläst in sein Horn,
so steht es gut um Heu und Korn.

Das Kepler-Museum in Weil der Stadt

„Gott treibt immer Geometrie"

Ein Porträt Johannes Keplers

Wer das kleine Fachwerkhaus des Museums neben dem Rathaus der ehemaligen freien Reichsstadt betritt, fühlt sich ins Jahr 1571 zurückversetzt, als Johannes Kepler hier am 27. Dezember geboren wurde. Bereits 1940 wurde das Haus vom gleichnamigen Verein der Öffentlichkeit zugänglich gemacht. Heute betreut die Kepler-Gesellschaft Weil der Stadt e.V. das Museum. Sie hat im frisch renovierten Keplerhaus am 10. August 1999 die neue Ausstellung, eröffnet. Ein Vermächtnis an den großen Sohn der Stadt, dessen Forschungen entscheidend für eine moderne Naturwissenschaft waren. Beginnen wir unseren Rundgang mit einem Video, das die geheimnisvollen Welten unseres Sonnensystems vorstellt. Nach einem kurzen Blick auf Leben und Werk Keplers werden dann in sechs weiteren Ausstellungsbereichen die wichtigsten Stationen seiner Laufbahn, seine Forschungen und Erkenntnisse ausführlich und anschaulich in Schautafeln mit interessanten Abbildungen und Texten (in Deutsch und Englisch) dargestellt. Nach dem Studium in Tübingen erhält er 1594 die Stelle des Mathematikers der Landschaft Steiermark in Graz. Hier veröffentlicht er sein Erstlingswerk *Mysterium Cosmographicum*, das ihn bekannt macht.

Der nächste Bereich stellt die Zeit Keplers in Prag zur Zeit Rudolfs II. dar, wo er als Assistent des berühmten Tycho Brahe arbeitet. Als Brahe 1601 stirbt, führt Kepler trotz vieler Anfeindungen die Arbeit weiter. Keplers intensive und bahnbrechende Forschungen der Himmelsbewegungen, seine Auseinandersetzungen mit dem kopernikanischen und geo-heliozentrischen Weltbild mündeten in die Formulierung seines ersten Keplerschen Gesetzes: „Die Planeten bewegen sich auf elliptischen Bahnen, in deren einem Brennpunkt die Sonne steht". In einer modernen Computersimulation können die Besucher diese Erkenntnisse sowie das zweite und dritte Keplersche Gesetz studieren. Beeindruckend sind die ausgestellten akribischen Aufzeichnungen der Tafelwerke, welche für jeden Tag des Jahres die Orte der Planeten, des Mondes und der Sonne am Himmel angeben. Keplers Forschungen beruhen immer auf dem Gedanken, dass die Schöpfung nach harmonischen Grundprinzipien aufgebaut ist, die der Mensch mit Hilfe geometrischer Regeln nachvollziehen kann. Im folgenden Bereich entdecken wir Keplers weitere Stationen Linz und Ulm. Dann begleiten wir Keplers letzte Lebensjahre, die vom sich zuspitzenden Kampf zwischen Protestanten und Katholiken geprägt waren. Kaiser Ferdinand bot ihm eine weitere Beschäftigung nur unter der Voraussetzung seines Übertritts zum katholischen Glauben an. Kepler lehnte ab. Als ihm Wallenstein 1628 ein Angebot machte, nahm er unter der Zusage freier Religionsauübung und guter Bezahlung an. Gerne hat er die für Wallenstein so wichtigen Horoskope allerdings nicht erstellt. Am 17. November 1630 starb Kepler in Regensburg.

Sehr interessant sind auch die Tafeln zum Hexenprozess gegen seine Mutter Katharina. Johannes Kepler hat alle seine Beziehungen eingesetzt, um seine Mutter vor der Hinrichtung als Hexe zu bewahren.

Der letzte Bereich würdigt die Bedeutung Keplers für die moderne Naturwissenschaft.

Das Kepler-Museum ist ein beeindruckendes Museum, das auch dem Laien die Welt des Johannes Kepler näher bringt.

Eine Wanderung auf dem bei der Kirche St. Peter und Paul in Weil der Stadt beginnenen Planetenweg, schließt den Besuch ab.

Monica Wejwar

Nähere Informationen

Öffnungszeiten
Do.–Fr.: 10–12 Uhr, 14–16 Uhr,
Sa. 11–12 Uhr, 14–16 Uhr,
So. 11–12 Uhr, 14–17 Uhr,
Tel.: 07033 / 521 131

MAI

Was ist los im Ländle?

1	Fr	**Tag der Arbeit**
2	Sa	
3	So	
4	Mo	
5	Di	
6	Mi	
7	Do	
8	Fr	
9	Sa	
10	So	**Muttertag**
11	Mo	
12	Di	
13	Mi	
14	Do	**Himmelfahrt**
15	Fr	
16	Sa	
17	So	
18	Mo	
19	Di	
20	Mi	
21	Do	
22	Fr	
23	Sa	
24	So	**Pfingsten**
25	Mo	**Pfingstmontag**
26	Di	
27	Mi	
28	Do	
29	Fr	
30	Sa	
31	So	

1.5. Maispiel Musikverein Reichartshausen

1.5. Kirschblütenfest Erligheim

2.5. Nightgroove Bietigheim-Bissingen

3.5. Sankt-Georgs-Ritt, Ochsenhausen

4.5. Menschenkickerturnier, Bruchsal

8.5.–10.5. KULTURAMA Festival, Reblandhalle Neckarwestheim

9.5. Jazztime in Town Ravensburg

9.5.–10.5. Plochinger Bruckenwasenfest

9.5.–10.5. Historisches Markttreiben Leutkirch-Schmidsfelden

9.5.–8.11. Große Landesausstellung „Karl Wilhelm 1679–1738", Karlsruhe

13.5.–17.5. Musikfestspiele Schwäbischer Frühling, Ochsenhausen

14.5.–17.5. Reutlinger Garden-Life

14.5.–18.5. Sinsheimer Fohlenmarkt

15.5. Blutfreitag mit Reiterprozession, Weingarten

17.5. Heilbronner Trollingermarathon

17.5. Weinwandertag Esslingen

19.5. Pfingstmarkt Ehingen

20.5. 20. Bundeskunstpreis für Menschen mit einer Behinderung, Radolfzell

22.5.–25.5. Historisches Festspiel 1631 in Rothenburg o.T.

30.5.–6.9. Große Landesausstellung Karoline Luise von Baden – Sammlerin von europäischem Rang, Staatliche Kunsthalle Karlsruhe

Allgemeine Brauchtumstermine

Marienmonat: Maiandachten und Rosenkranzfeste

1.5.: Maibaumstellen und Maienstecken: Die Angebetete bzw. Geliebte erhält eine junge Birke vors Haus oder aufs Dach „gesteckt"

Vatertag; traditionell wird an Christi Himmelfahrt den Vätern gedacht

11.5.–15.5.: Eisheilige: In dieser Zeit kann es noch zu Nachtfrösten kommen, Blumen sollten ans Haus gestellt oder abgedeckt werden

Der Hundertjährige

1.5.–2.5. rauh, kalt und windig

3.5.–14.5. schönes warmes Wetter, unterbrochen von wenigen Gewittern und etwas Regen

15.5.–22.5. es ist kalt mit Regen und Hagel

23.5. es friert nachts

24.5.–26.5. es ist leidlich schön

27.5.–29.5. es ist kalt mit etwas Regen

30.5. der Tag beginnt mit Reif und Schnee, danach fällt Regen und Schnee

---

Bauernregel

Ein kühler Mai wird hochgeacht',

hat stets ein gutes Jahr gebracht.

Augustin Kralls' kleine Welt im Landkreis Sigmaringen

„Häusle baue!" Das hat sich der Rentner Augustin Krall als Aufgabe selbst gestellt. Soll man ihn einen Tüftler nennen oder einen Bastler? Wahrscheinlich ist er beides nicht. Er ist einfach seinem erlernten Beruf treu geblieben. Einem Beruf, den es nur noch selten gibt: Augustin Krall hat eine Küferlehre gemacht. Er hat gelernt, Längshölzer (besser bekannt als Fassdauben) im Dampfbiegeverfahren in eine gewölbte Form zu bringen. Eine Art Schreiner oder Wagner ist er gewesen. Ein Küfer, ein Böttcher, ein Schäffler, ein Fassbinder. Einer, der Holzfässer machen und sie mit eisernen Reifen zusammenbinden konnte. Ein „Holzwurm" sein Leben lang.

In Radolfzell hat er (Jahrgang 1930) den Küferberuf erlernt und danach am Bodensee, in Tuttlingen und in Radolfzell Zuber und Bottiche gezimmert. Er hat im Sägewerk gearbeitet. Und jetzt baut er Häusle aus Holz. Ulme zum Beispiel. Seinen „Bau-Platz" hat er in Sauldorf im Landkreis Sigmaringen. Dort steht ein Bauernhof, der ihm gehört und den er früher selbst bewirtschaftet hat. Längst ist das Anwesen verpachtet, die Wohnung vermietet. Augustin Krall und seine Ehefrau wohnen jetzt bei einer Enkeltochter in Meßkirch. Aber eine Werkstatt hat der Senior in Sauldorf drüben behalten. Und immer, wenn es ihn bitzelt, fährt er hinüber in die alte Heimat. Kleine Fluchten, sozusagen!

Seit er Rentner ist, hat er gut und gerne zehn kleine Häusle gebaut. Alle etwa so groß wie Hundehütten. Reale Vorbilder aus dem Leben gibt es nicht. Er baut weder den Eiffelturm nach noch das Ulmer Münster. Er baut nur, was er im Kopf hat und was seiner Fantasie entspringt. Bevor ein neues Häusle auf Kiel gelegt wird, macht Augustin Krall einen Bauplan. Es kann aber sein, dass er nachher davon abweicht. Weil die Praxis stärker ist als die Theorie. Am Schluss bemalt er seine Häusle mit leuchtenden Naturfarben und freut sich an ihnen. Verkaufen tut er sie nicht. Er sagt: anschauen ja, berühren verboten. Das gilt für jeden Besucher. Auch für die fünf Enkel und die Urenkel. Den Winter über stehen Kralls Häusle in der Werkstatt. Sommers im Freien (88605 Sauldorf, Steigherrhöfe, Hof Nummer 1). Und weil Hausbau allein manchmal auch langweilig sein kann, hat er ein paar angemalte Windräder dazu gestellt. Und handgemachte Holzgockel.

Reinhold Fülle

JUNI

Persönliche Termine

1	Mo
2	Di
3	Mi
4	**Do Fronleichnam**
5	Fr
6	Sa
7	**So**
8	Mo
9	Di
10	Mi
11	Do
12	Fr
13	Sa
14	**So**
15	Mo
16	Di
17	Mi
18	Do
19	Fr
20	Sa
21	**So**
22	Mo
23	Di
24	Mi
25	Do
26	Fr
27	Sa
28	**So**
29	Mo Peter und Paul
30	Di

Was ist los im Ländle?

3.6.–7.6. Deutscher Evangelischer Kirchentag Stuttgart

3.6. Deutscher Akkordeonmusikpreis, Bruchsal

6.6.–14.6. Baden-Badener Pfingstfestspiele

6.6.–15.6. Nördlinger Mess'

11.6.–14.6. Maientag Nürtingen

12.6.–13.6. Gmünder Stadtfest mit Tradition, Schwäbisch Gmünd

13.6.–14.6. Erligheimer Weintage

14.6. Weinblütenfest Horrheim-Gündelbach

19.6.–21.6. Öchslefest – Großes Ochsenhausener Stadtfest

20.6.–21.6. Besigheimer Steinhausfest

20.6.–21.6. St. Johanni Kirchenpatrozinium Bad Saulgau

23.6.–28.6. Isnyer Opernfestival

25.6. Spezialitätenmarkt Bad Schussenried

27.6. Ravensburger Stadtlauf

27.6.–28.6. Klosterfest Maulbronn

Allgemeine Brauchtumstermine

4.6. Fronleichnam: Die katholische Kirche gedenkt des Heiligsten Leibes und Blutes Christi, feierliche Prozessionen in den katholischen Gegenden

4.6.–20.6. Schafskälte, es kann noch zu sehr kalten Nächten kommen

21.6. Mittsommernacht, der längste Tag des Jahres wird auch mit lodernden Feuern und brennenden, den Berg herabgestoßenen Strohrädern gefeiert

24.6. Johannistag: festgelegter Geburtstag Johannes des Täufers, Johannesfeuer und Johanneskronen werden auf dem Marktplatz aufgehängt

29.6. Peter und Paul, man isst an diesem Tag gerne Fisch

Der Hundertjährige

1.6. der Monat beginnt mit einem schönen Tag

2.6.–6.6. schwere Regengüsse, es ist rauh

7.6. es ist ein schöner warmer Tag

8.6. es ist unbeständig

9.6.–14.6. es ist morgens kühl und abends wärmer

15.6. es regnet von morgens bis abends

16.6.–20.6. es ist morgens stets sehr kalt

21.6.–22.6. schöne warme Tage

23.6.–24.6. steter Regen

25.6. es ist kalt

26.6.–30.6. es regnet

> **Bauernregel**
> Ist der Juni warm und nass,
> gibt's viel Korn und noch mehr Gras.

Der Deutsche Evangelische Kirchentag 2015 in Stuttgart

✠ *Deutscher Evangelischer*
Kirchentag Stuttgart
3. – 7. Juni 2015

Das Logo des Deutschen Evangelischen Kirchentags in Stuttgart

Zum vierten Mal seit seiner Gründung 1949 wird vom 3.–7. Juni 2015 die evangelische Landeskirche in Württemberg Gastgeberin des *Deutschen Evangelischen Kirchentags* sein. Auf ihm versammeln sich alle zwei Jahre Menschen, um gemeinsam über die gegenwärtigen Entwicklungen der Kirche und der Gesellschaft ins Gespräch zu kommen. Eingeladen sind nicht nur evangelische Christen, sondern alle, die sich für Glauben und Spiritualität interessieren, unabhängig von sozialem Status, Konfession oder Religionszugehörigkeit. Der Deutsche Evangelische Kirchentag ist ein großes Fest, das vier Tage lang die Landeshauptstadt Baden-Württembergs bewegen wird.

Er beginnt am Mittwochabend mit dem Eröffnungsgottesdienst. Bis zum Abschlussgottesdienst am Sonntag bietet er an fünf Tagen zahlreiche Veranstaltungen an. Im Rahmen von Vorträgen, Diskussionsrunden, Bibelarbeiten und Workshops bietet er die Möglichkeit, sich über aktuelle Themen zu informieren und sich aktiv zu beteiligen und so die Gestalt und die zukünftigen Entwicklungen der Kirche mit zu beeinflussen. Dabei stellen sich nicht nur bekannte Vertreter der Kirchen wie z.B. Margot Käßmann oder Anselm Grün der Diskussion, sondern auch Prominente aus Politik, Musik und Fernsehen. So eröffnete Joachim Gauck den Kirchentag in Hamburg, und auch in Stuttgart wird ein umfangreiches und vielfältiges Rahmenprogramm Lust auf Kunst, Musik und Kultur machen.

Jeder Kirchentag steht unter einem bestimmten Motto, an dem sich die einzelnen Veranstaltungen orientieren; die Losung des Stuttgarter Kirchentages 2015 lautet: „Damit wir klug werden" (Psalm 90,12).

Auf dem *Markt der Möglichkeiten* haben Besucher die Chance, ein breites Spektrum an gesellschaftlichen Themen kennenzulernen: von der Notfallseelsorge über alternative Energien und Klimaschutz bis hin zur orthodoxen Kirche in Ägypten. Wer sich noch weiter informieren möchte, hat in der Kirchentagsbuchhandlung die Möglichkeit, einen Überblick über das Programm vieler religiöser und theologischer Verlage zu bekommen.

Zudem bietet jeder Kirchentag ein breites Rahmenprogramm wie z.B. Konzerte und Theateraufführungen. Eine Besonderheit ist in Stuttgart der mit 1000 € dotierte Kurzfilmwettbewerb „Mensch, wohin?", bei dem Filmschaffende die Möglichkeit haben, die Frage künstlerisch aufzugreifen und ihre Sicht umzusetzen. Die drei besten Filme werden auf dem Kirchentag vorgeführt werden.

Damit die Besucher an allen Angeboten teilnehmen können, ohne lange Wegstrecken zurücklegen zu müssen, ist geplant, dass die zentralen Veranstaltungen in der Stuttgarter Innenstadt und im Neckarpark Bad Cannstatt stattfinden werden.

Julia Zubcic

Nähere Informationen
www.kirchentag.de
www.stuttgart.de

Der „Markt der Möglichkeiten" auf dem Hamburger Kirchentag

JULI

Persönliche Termine		Was ist los im Ländle?

Was ist los im Ländle?

1	Mi	
2	Do	
3	Fr	
4	Sa	
5	**So**	
6	Mo	
7	Di	
8	Mi	
9	Do	
10	Fr	
11	Sa	
12	**So**	
13	Mo	
14	Di	
15	Mi	
16	Do	
17	Fr	
18	Sa	
19	**So**	
20	Mo	
21	Di	
22	Mi	
23	Do	Hundstage
24	Fr	
25	Sa	Jakobustag
26	**So**	
27	Mo	
28	Di	
29	Mi	
30	Do	
31	Fr	

Was ist los im Ländle?

2.7.–9.8. 12. Gerbersauer Lesesommer
2.7.–6.7. 20. Hohenloher Weindorf
3.7.–4.7. Montfortfest Tettnang
3.7.–5.7. Heilbronner Neckarfest
4.7.–5.7. 8. Dorffest Perouse
4.7.–5.7. Hasenropferfest Löchgau
4.7. Kulturnacht Bad Schussenried
9.7.–11.7. Best of Music, Bietigheim-Bissingen
10.7.–12.7. Marquardtfest Plochingen
10.7.–13.7. Kinder- und Heimatfest Isny
11.7. Schlossfest Baden-Baden
11.7.–12.7. Philharmonische Schlosskonzerte Baden-Baden
11.7.–12.7. Freudentaler Straßenfest
11.7.–12.7. Highlandgames Angelbachtal
11.7.–12.7. Reutlinger Schwörtag
15.7.–18.7. Jubiläumsfest 1250 Jahre Ottmarsheim
16.7.–20.7. Bächtlesfest Bad Saulgau
18.7.–19.7. Sinsheimer Stadtfest
18.7.–21.7. Historisches Kinder- und Heimatfest Leutkirch
21.7. Ulmer Schwörmontag mit Wasserfestumzug Nabada
24.7. Bodensee-Megathlon Radolfzell
24.7.–27.7. Beilsteiner Weinbergfest
24.7.–28.7. Ravensburger Rutenfest
24.7.–2.8. Vaihinger Kultursommer, Vaihingen/Enz
30.7.–9.8. Calwer Klostersommer in Hirsau
31.7.–8.8. Theaterfestival Isny

Allgemeine Brauchtumstermine

Beginn der Hundstage, der heißesten Tage des Jahres, dauern bis 23.8., benannt nach dem Stern Sirius, im Sternbild Großer Hund
Heumonat, da die Heuernte in diese Zeit fällt

Der Hundertjährige

1.7.–2.7. kalt und trüb mit Nieselregen
3.7.–4.7. warm
5.7.–6.7. sehr kalt
7.7.–17.7. eine schöne warme Zeit
18.7.–21.7. es regnet
22.7.–31.7. es ist schön warm, zeitweise sogar heiß

Bauernregel
Im Juli muss vor Hitze braten,
was im September soll geraten.

Rutesheim – moderne, urbane Stadt vor den Toren Stuttgarts

Die Stadt Rutesheim ist ein moderner, urbaner Ort inmitten der Metropolregion Stuttgart. Rutesheim kann auf eine lange Geschichte zurückblicken, bereits 767 wird der Ort als erster und einziger zu dieser Zeit im Lagerbuch des Klosters Lorsch erwähnt, doch der Siedlungsplatz ist schon seit keltischer Zeit besiedelt. Auch die Römer waren im Gebiet von Rutesheim präsent und bauten hier eine Straße. Jüngeren Datums ist die Stadterhebung, seit 2008 darf sich Rutesheim mit seinen rund 10 500 Einwohnern „Stadt" nennen, nachdem der Ministerpräsident die Ernennungsurkunde der Gemeinde zur Stadt zum 1. Juli 2008 überreicht hat.

Eine besondere historische Bedeutung hat der seit 1971 zu Rutesheim gehörende Ort Perouse, ein sogenannter Waldenserort. Gegründet wurde der heutige Teilort 1699, als Waldenser aus den Hochtälern Frankreichs, ihres Glaubens wegen vertrieben, in den Herzogtümern Hessen und Württemberg aufgenommen wurden.

Wirtschaftlich stark ist Rutesheim aufgrund seiner mittelständischen Wirtschaftsstruktur, aber auch durch die Präsenz der großen Firmen Robert Bosch, Porsche und Voith, die als Zulieferer bzw. Hersteller von Automobilen die günstige Lage in der Nähe der Autohochburgen Stuttgart-Bad Cannstatt, Sindelfingen und Zuffenhausen nutzen.

Rutesheim bietet aber nicht nur Historisches und Arbeitsplätze. Hier kann man auch gut leben und seine Freizeit verbringen. In der Nähe findet sich ein Waldhochseilgarten, der auf über 2000 Klettermetern 14 Parcours bietet. Auch Geocaching wird dort seit 2014 angeboten. In Rutesheim selbst findet alle fünf Jahre, nun wieder 2015 die große Gewerbeschau statt, auf der die meisten Gewerbetreibenden und Handwerker ihre Firmen und Unternehmen vorstellen. Rund 100 Aussteller präsentieren sich inmitten der Stadt, leicht zu erreichen über die nahe Autobahn. Aber auch die örtlichen Vereine SKV Rutesheim, der Musikverein, die Musikschule, der 1. HHS Rutesheim, TCR und DRK-Ortsverein sowie der SV Perouse und viele andere zeigen, wie man sich in Rutesheim engagieren und vergnügen kann.

Die Bildungslandschaft Rutesheim ist ebenfalls eine Erwähnung wert, denn in den vier Schulen, von der Grundschule bis zum Gymnasium, werden über 2200 Schülerinnen und Schüler unterrichtet, davon kommt rund die Hälfte aus dem Umland.

Das sanierte Stadtzentrum mit seinen vielen Geschäften lädt mit Einkehrmöglichkeiten zum Verweilen ein. Auch kann man hier gut übernachten, wenn man längere Zeit in der Stadt verbringen möchte.

Abwechslung schaffen auch Jahrmärkte, auf denen man das eine oder andere für den Haushalt oder Kleidung kaufen kann.

Rutesheim bietet also für jeden etwas, sei es, dass man hier wohnt, arbeitet, seine Freizeit genießt, sich kulinarisch verwöhnen lässt, ganz getreu dem seit 2008 gültigen Stadtmotto: aktiv, innovativ, lebenswert.

Daniel Kuhn

Weitere Informationen
www.rutesheim.de
www.schauher.info

AUGUST

Persönliche Termine	Was ist los im Ländle?

Was ist los im Ländle?

1	Sa	
2	**So**	
3	Mo	
4	Di	
5	Mi	
6	Do	
7	Fr	
8	Sa	
9	**So**	
10	Mo	Laurentiustag
11	Di	
12	Mi	
13	Do	
14	Fr	
15	Sa	Mariä Himmelfahrt
16	**So**	
17	Mo	
18	Di	
19	Mi	
20	Do	
21	Fr	
22	Sa	
23	**So**	
24	Mo	
25	Di	
26	Mi	
27	Do	
28	Fr	
29	Sa	
30	**So**	
31	Mo	

Was ist los im Ländle?

1.8. Wochenmarkt Bad Urach
1.8.–3.8. Heiburgfest Elzach
1.8.–2.8. Städtlesfest Aichtal
1.8.–2.8. Straßenfest Salach
1.8. Theaterfestival Isny im Allgäu
1.8.–2.8. Altstadt- und Seenachtsfest Bad Waldsee
1.8.–2.8. OGV-Hocketse, Vaihingen/Enz
4.8.–8.9. Bietigheimer Pferdemarkt
4.8.–12.8. Sommerakademie Radolfzell
6.8.–23.8. Klosterfestspiele Weingarten
7.8.–17.8. 29. Esslinger Zwiebelfest
7.8.–9.8. Taubertal Open Air Festival, Rothenburg o.T.
8.8.–9.8. Seenachtsfest Konstanz
8.8.–9.8. Ritterturnier 2015 in Angelbachtal
14.8.–30.8. Sommerkino im Kloster Hirsau
19.8. Summerland – Der Familienspaß am Remsbachhof Schramberg
26.8.–5.9. Reutlinger Weindorf
26.8.–6.9. Stuttgarter Weindorf
29.8.–30.8. Stadtfest Weingarten

Allgemeine Brauchtumstermine

Ab Laurentius durchquert die Erde die Pleiaden, man kann am Himmel viele Sternschnuppen sehen; was man sich wünscht, geht in Erfüllung
An Maria Himmelfahrt gedenkt man der Aufnahme Mariens in den Himmel, an diesem Tag weiht man Kräuterbüschel

Der Hundertjährige

1.8.–6.8. es ist schön warm
7.8. es fällt den ganzen Tag Regen
8.8.–11.8. es ist trüb mit gelegentlichen Regenfällen
12.8. es kommt ein Platzregen
13.8. ist schön
14.8. nachts bildet sich Reif und Eis
15.8. große Gewitter mit Donner, Blitzen und Platzregen
16.8.–17.8. kalter Regen
18.8.–24.8. es ist schön und sehr warm
25.8.–28.8. es gibt täglich Gewitter
29.8. ein schöner Tag
30.8.–31.8. es regnet erneut

Bauernregel

Ist's in der ersten Augustwoche heiß,
bleibt der Winter lange weiß.

Das größte Fest des Unterlands – der Talmarkt feiert 1050. Geburtstag

Alljährlich findet in Bad Wimpfen der Talmarkt statt, das größte und älteste Volksfest des Unterlands. Hier treffen sich Schausteller, Krämer und Besucher, um ausgelassen zu feiern, sich zu amüsieren und Dinge des alltäglichen Bedarfes zu kaufen, wie es die Menschen nun schon zum 1050. Mal tun. Denn im Jahr 965 gestattete Kaiser Otto I. der Stadt Wimpfen, einen jährlichen Markt veranstalten zu dürfen. Im Mittelalter war es streng geregelt, wer, wann, wo einen Markt abhalten durfte, denn dorthin strömten die Menschen, um die von ihnen benötigen Waren zu kaufen. Der Erhalt eines solchen kaiserlichen Marktprivilegs war wirtschaftlich wichtig, die Stadt verdiente an ihrem Markt gut.

Bis heute findet auf dem Talmarkt ein Krämermarkt statt, auf dem man Töpfe, Socken, Knöpfe, Messer, aber auch Autopolitur oder gar Fertiggaragen kaufen kann. Ergänzt wird der Talmarkt durch eine Gewerbeschau, auf der mehr als 40 Aussteller ihre Produkte präsentieren. Schon immer wollten die Menschen aber nicht nur einkaufen, sondern sich auch amüsieren. Taten sie dies im Mittelalter beim Karten- und Würfelspiel oder indem man Gauklern zusah oder Musikern zuhörte, kamen im 20. Jahrhundert auch Fahrgeschäfte dazu. Losbuden oder Geschicklichkeitsspiele sind seit jeher beliebt. Nun konnte man Boxauto oder Achterbahn fahren und seine Nerven kitzeln lassen. Schon immer war das leibliche Wohl ein wichtiger Bestandteil des Talmarktes, Bratwürste und Festbier für die Erwachsenen, Zuckerwatte, Mandeln oder Magenbrot für die Kinder werden gerne konsumiert.

Kurz darauf findet ein zweites Großereignis in Bad Wimpfen statt: das Reichsstadtfest. Am 13. und 14. Juni 2015 kann man in Wimpfen das Mittelalter erleben, kostümierte Menschen ermöglichen es, sich ein Bild des Mittelalters zu machen. Denn nach dem Tod des letzten staufischen Kaisers Friedrich II. von Hohenstaufen gelang es der Reichsstadt Wimpfen, eine große Eigenständigkeit zu erlangen. Formal gehörte die Stadt zwar weiterhin zum Reich, doch konnte der Rat einen großen Einfluss auf die städtische Politik ausüben. In Erinnerung an diese Zeit eröffnet der Hohe Rat der Stadt das Reichsstadtfest, auf dem Kostümgruppen wie die Stauferwache, die Soldaten aus der Stauferzeit realistisch darstellen. Die Vereinigung des Zunftmarktes stellt jedes Jahr ein Ereignis aus der Stadtgeschichte Bad Wimpfens dar. Eine eigene Sammlung von Zunftgerät und Gewändern bildet den Grundstock für die Präsentation der historischen Kostüme. Wieviel Arbeit dahinter steht, wird erst ersichtlich, wenn man sich die Details ansieht, wie genau die Nähte der Gewänder gesetzt sind, mit welcher Präzision die Waffen gefertigt sind, dann erst ermisst man, was alles dazu nötig ist, bis nur ein Teilnehmer als Soldat der Stauferzeit auftreten kann.

Daniel Kuhn

Nähere Informationen
www.bad-wimpfen.de
www.zunftmarkt.de
www.stauferwache.de
Zunftmarkt e. V.
Burgviertel 21
74206 Bad Wimpfen

Die Stauferwache zu Bad Wimpfen

SEPTEMBER

Was ist los im Ländle?

1	Di
2	Mi
3	Do
4	Fr
5	Sa
6	**So**
7	Mo
8	Di Mariä Geburt
9	Mi
10	Do
11	Fr
12	Sa
13	**So Tag des offenen Denkmals**
14	Mo
15	Di
16	Mi
17	Do
18	Fr
19	Sa
20	**So**
21	Mo Herbstanfang
22	Di
23	Mi
24	Do
25	Fr
26	Sa
27	**So**
28	Mo
29	Di Michaelistag
30	Mi

4.9.–6.9. Reichsstadtfesttage Rothenburg o. T.
4.9.–6.9. Internationales Oldtimer-Fliegertreffen Kirchheim u. T.
5.9. Radolfzeller Altstadtfest
9.9. Krämermarkt, Vaihingen/Enz
10.9.–12.9. 15. Bissinger Weindorf
13.9. Bähnlesfest Tettnang
13.9. Bahnhofs- und Lokschuppenfest Ochsenhausen
16.9.–18.9. Musik- und Weintage Besigheim
18.9.–21.9. Besigheimer Winzerfest
18.9.–21.9. Fränkisches Volksfest Crailsheim
19.9. Herbstflohmarkt Bad Saulgau
19.9.–20.9. Tage der Regionen, Schwäbisch Gmünd
19.9.–20.9. Horrheimer Herbst, Vaihingen/Enz
19.9.–21.9. Sachsenheimer Weindörfle
20.9. SWR1-Pfännle Bruchsal
21.9. Magnusmarkt Bad Schussenried
25.9.–11.10. Cannstatter Volksfest
26.9. Reutlinger Kulturnacht
26.9.–27.9. SWR1 Pfännle, Öhringen
26.9.–27.9. Bad Waldseer Ruderregatta
27.9. 39. Internationaler Schwarzer Grat Berglauf, Isny

Allgemeine Brauchtumstermine

An Mariä Geburt beginnt traditionell der Almabtrieb, der auch in den gebirgigen Gegenden Württembergs stattfindet
Tag des offenen Denkmals: viele eigentlich geschlossene historische Bauten sind an diesem Tag zugänglich
Ab Michaelis wird wieder künstliches Licht benötigt, daher entzündete man an Michaelis Feuer oder feierte einen Lichtschmaus

Der Hundertjährige

1.9.–4.9. warmes Wetter
4.9. in der Nacht gibt es Gewitter und Platzregen
5.9.–8.9. es ist hell und schön, aber windig
9.9. es fällt ein wenig Regen
10.9.–11.9. kühl und windig
12.9.–16.9. Regen
17.9.–26.9. es ist schön warm wie im Sommer
27.9.–30.9. es fällt wieder Regen

Bauernregel
Wenn im September viele Spinnen kriechen,
sie einen harten Winter riechen.

Die Heimattage Baden-Württemberg in Bruchsal

Heimat ist ein emotionaler Begriff, für den einen ist die Heimat der Ort, an dem man wohnt, andere tragen ihre Heimat im Herzen, weil sie freiwillig oder gezwungener Maßen „ihre" Heimat verlassen mussten und dann gibt es da noch die, die, egal wo sie sich befinden, Heimat finden. Kurz Heimat ist kein Begriff, der für jeden gilt, wohl aber ein Herzensort. Daher veranstaltet das Land Baden-Württemberg seit 1978 jedes Jahr die Heimattage Baden-Württemberg, die 2015 in der Großen Kreisstadt Bruchsal stattfinden werden.

Vom Frühling bis in den Spätherbst lädt ein umfangreiches buntes Programm, das in neun Themenblöcke eingeteilt ist, so etwa das übergreifende *Baden-Württemberg zwischen Geschichte und Zukunft*. Ganz besondere Aufmerksamkeit dürfte in der Spargelstadt Bruchsal das Thema *Baden-Württemberg genießt* finden und viele Besucher aus der Stadt und ganz Baden-Württemberg nach Nordbaden locken. Daneben finden zahlreiche Konzerte, Theatervorstellungen und ein Musikabend statt; sogar die badische und die U-23-Meisterschaft der Radsportler werden aus Anlass der Heimattage am 5. Juli in Bruchsal ausgetragen. Dass Heimat nicht immer rückwärts gerichtet sein muss, sondern jeden Tag gestaltet werden kann – immer der Frage nach, wie wollen wir gemeinsam leben – verdeutlicht das Projekt *Utopolis*. Wir entwerfen unsere Stadt von morgen: *Wie wollen wir leben* des Bürger-

theaters der Badischen Landesbühne am 11. und 12. April sowie am 16. und 17. Mai 2015.

Den Höhepunkt aber bilden die Landesfesttage der Heimattage, die vom 11. bis zum 13. September 2015 stattfinden werden. Trachten- und Heimatgruppen unterstützt durch Musikkapellen ziehen in einem großen Festumzug durch Bruchsal und verbreiten gute Stimmung. Am 11. September werden diejenigen ausgezeichnet, die

sich in besonderer Weise für die Heimat verdient gemacht haben. Das Land Baden-Württemberg vergibt für solches vorbildhaftes Engagement die Baden-Württembergische Heimatmedaille.

Die Heimattage Baden-Württemberg präsentieren Heimat wie sie ist: Offen für jeden, der kommt, nah für alle, die dort wohnen und gestaltbar für die, die sich engagieren. Alle Veranstaltungen laden dazu ein, nach Bruchsal zu kommen, es sich gut gehen zu lassen und auch abseits der Festivität Stadt und Umland zu erkunden.

Daniel Kuhn

OKTOBER

Persönliche Termine		Was ist los im Ländle?

Persönliche Termine

1	Do	
2	Fr	
3	Sa	Tag der Deutschen Einheit
4	So	Erntedankfest
5	Mo	
6	Di	
7	Mi	
8	Do	
9	Fr	
10	Sa	
11	So	
12	Mo	
13	Di	
14	Mi	
15	Do	
16	Fr	
17	Sa	
18	So	
19	Mo	
20	Di	
21	Mi	
22	Do	
23	Fr	
24	Sa	
25	So	
26	Mo	
27	Di	
28	Mi	
29	Do	Simon-Judi
30	Fr	
31	Sa	Reformationstag

Was ist los im Ländle?

1.10.–4.10. Schussenrieder Oktoberfest
2.10. Radolfzeller Kulturnacht
3.10. Markttag Epfenbach
3.10.–5.10. Erntedankfest Ölbronn
3.10.–6.10. Hamburger Fischmarkt in Calw
4.10. Erntedankfest der Trachten- und Volkstanzgruppe Hausach
4.10. Plochinger Herbst
4.10. Glashüttenfest Schmidsfelden
5.10. 17. Tübinger Entenrennen
9.10.–11.10. Heimattage Bopfingen
9.10.–11.10. Haller Herbst Schwäbisch Hall
9.10.–12.10. 68. Fellbacher Herbst
9.10.–12.10. Schmidener Kirbe Fellbach
10.10.–12.10. Kerwe Neidenstein
11.10. Dürrmenzer Herbstmarkt (Mühlacker)
11.10.–Februar 2015 Museum Biberach: Ernst Ludwig Kirchner – Kirchners Bogenschützen
14.10.–17.10. Leutkircher Kleinkunsttage
15.10. Mundartwettbewerb „Gnitze Griffel" in Bruchsal
17.10. Rocknacht Elzach
18.10. Herbstmarkt Nördlingen
20.10. Krämermarkt Geislingen a. d. S.
24.10. Landesorchesterwettbewerb, Bruchsal
25.10. Herbstmarkt Dornstetten
26.10. Plochinger Jazzfest

Allgemeine Brauchtumstermine

Erntedankfest: Danktag für das Ende der Ernte
7.10. Rosenkranzfest als Erinnerung an die Seeschlacht von Lepanto
Kirchweih: Häufig im Oktober gefeiertes Fest zum Gedenken an den Kirchenpatron
Reformationstag: Gedenktag des sogenannten Thesenanschlags Martin Luthers 1517

Der Hundertjährige

1.10.–14.10. Regenwetter und es ist kalt
15.10. fällt nachts Schnee
16.10.–21.10. es regnet und windet
22.10.–31.10. leidlich schön und warm

Bauernregel
Ist der Oktober warm und fein, kommt ein scharfer Winter drein.
Ist er aber nass und kühl, mild der Winter werden will

Der Waldkletterpark Hohenlohe bei Schloss Langenburg

Die Lage des Waldkletterparks Hohenlohe begeistert sofort. Inmitten eines im 18. Jahrhundert auf Schloss Langenburg angelegten Landschaftsparks mit mächtigen Eichen und Parkbuchen findet man Spaß, Fitness und Abenteuer, ein Naturerlebnis aus der Vogelperspektive für Jung und Alt, Groß und Klein, einzeln oder in Gruppen, z.B. in Schulklassen oder Betriebsausflügen.

Wer sich nicht wagemutig von Wipfel zu Wipfel schwingen oder auf Wackelbrücken balancieren will, kann von der Panoramaterrasse des Blockhauses aus das Treiben in den Bäumen verfolgen und wenn es gar zu gefährlich wird, den Blick ins stille Jagsttal lenken.

Geboten wird Kletteranfängern, Fortgeschrittenen und den absoluten Könnern ein *Fun-Parcours* mit einer Gesamtlänge von rund 1,7 km mit 90 verschiedenen Elementen sowie Team-Parcours mit unterschiedlichen Boden- und Hochelementen für Gruppen- und Firmenveranstaltungen. Die Kletterhöhe variiert je nach Parcours von 1 bis 15 Meter.

Aber Stopp: Bevor wir uns mutig ins Abenteuer stürzen, werden uns erst einmal im Einweisungsparcours unter Anleitung der Guides in verschiedenen Übungen Grundkenntnisse vermittelt – so ganz ungeübt kann's nicht losgehen. Gefährlich ist die Benutzung nicht, wenn man sich an die Grundregeln hält.

Nun einigermaßen fit, geht es durch den Parcours.

Die „Ritter-Rezzo-Steige" bietet auf einer Höhe zwischen 3 Metern und 5 Metern die *Indiana Jones Brücke*, *Flying Fox*, *Bobby Car* und die Aussichtsplattform mit Baumhaus. Ist dieser Einsteiger-Parcours gemeistert, geht es weiter zum *Dachsbau* mit schwingender Balkenbrücke, Holzröhre, durch die man kriechen muss, und dem *Floh-Hüpfer*. Wer das alles gut gemeistert hat, darf zu den mittelschweren Parcours *Katzenstein*, *Römerschlag*

und *Pfaffensteige* weiter. Jetzt geht es bis zu 10 m über den Boden. Das Snowboard in luftiger Höhe erfordert schon Geschicklichkeit und der *Flying Fox* geht rasend schnell zum Boden zurück! Wer jetzt noch mehr Sportsgeist entwickeln will, wagt sich auf die *Jagstklinge*, den *Felswandgrat* oder den *Falkenflug* – mit einer Standhöhe bis zu 16 Metern. Das ist Spaß und Spannung, erfordert aber Konzentration und die körperliche Anstrengung – dies sieht man manchem an, wenn er wieder auf dem Boden gelandet ist!

Die separaten Team-Parcours, die vor allem für Firmen zum Training des *Teambuildings* angeboten werden, stellen andere Herausforderungen. Gemeinsam sind die unterschiedlichsten Aufgaben zu meistern. Niedrigelemente (wie Spinnennetz und Teamwippe) und hohe Elemente (wie *Dangle Duo*, *Multi Vine*) in 6–10 Metern Höhe fordern Mut, Wille und stellen die Gruppe immer wieder vor neue Herausforderungen.

Monica Wejwar

Nähere Informationen
www.waldkletterpark-hohenlohe.de
Email: klettern@waldkletterpark-hohenlohe.de

Waldkletterpark Hohenlohe
Schloss 1
74595 Langenburg
Tel. 07905 / 9 41 00 33
Öffnungszeiten:
Schulferien: Mo.–So. 10–18 Uhr
außerhalb Schulferien: Fr. 13–18 Uhr, Sa./So. 10–18 Uhr.

Am Seil in großer Höhe – ein Erlebnis für Jung und Alt in Hohenlohe

NOVEMBER

Persönliche Termine	
1	So	Allerheiligen
2	Mo	
3	Di	
4	Mi	
5	Do	
6	Fr	
7	Sa	
8	So	
9	Mo	
10	Di	
11	Mi	Martini
12	Do	
13	Fr	
14	Sa	
15	So	
16	Mo	
17	Di	
18	Mi	
19	Do	
20	Fr	
21	Sa	
22	So	
23	Mo	
24	Di	
25	Mi	
26	Do	
27	Fr	
28	Sa	
29	So	Erster Advent
30	Mo	Andreastag

Was ist los im Ländle?

1.11. Kindermusical in Erligheim

8.11. Esslinger Herbst

13.11. 21. GmendrGugge Treff, Schwäbisch Gmünd

14.11.–15.11. 21. Gipfeltreffen des Württemberger Weines

21.11.–22.11. Ravensburger Sportvereine stellen sich vor

24.11.–21.12. Esslinger Mittelalter- und Weihnachtsmarkt

26.11.–22.12. Reutlinger Weihnachtsmarkt

26.11.–29.11. Weihnachtsmarkt im Ochsenhausener Klosterhof

26.11.–29.11. Weihnachtsmarkt Leutkirch

26.11.–29.11. Märchenhafter Weihnachtsmarkt Calw

27.11.–28.11. Schussenrieder Pferde- und Krämermarkt

27.11.–20.12. Christkindlesmarkt Ravensburg

27.11.–23.12. Reiterlesmarkt Rothenburg o. T.

27.11.–20.12. Weihnachtsmarkt Schwäbisch Gmünd

27.11.–26.12. Nördlinger Krippenweg

28.11. Nikolausmarkt Bad Saulgau

28.11.–29.11. Wengerter Advent Sachsenheim-Hohenhaslach

28.11.–29.11. Weihnachtsmarkt Sinsheim

28.11.–29.11. Weihnachtsmarkt Vaihingen/Enz

Allgemeine Brauchtumstermine

1.11. Allerheiligen: Gräber werden geschmückt und besucht

11.1. Martinstag. Laternenumzüge und Martinsritte mit Mantelteilung. Martinsgänse oder Gänse aus Teig werden an diesem Tag gerne gegessen.

30.11. Andreas-Orakel: Verschiedene Orakel, um über den zukünftigen Ehemann etwas in Erfahrung zu bringen (Größe, Aussehen, Charakter)

Der Hundertjährige

1.11. schöner Tag

2.–3.11. morgens gefroren, Tage klar

4.–5.11. schöne warme Tage

6.11. Tag ist warm, in der Nacht Regen

7.–13.11. trübe und kalt, bisweilen nieselig

14.11. windig und trüb mit Regen

15.11. Wind wird stärker, es fällt Schnee

16.–19.11. unbeständig

20.–27.11. starer Regen, bisweilen mit Schnee

28.11. ziemlich schön

29.11.–30.11. trüb und kalt

Bauernregel

Hängt das Laub bis November hinein,
wird der Winter lange sein.

Das Wilhelm-Hauff-Museum in Lichtenstein-Honau

Wilhelm Hauff (1802 in Stuttgart geboren und dort schon 1827 gestorben) war ein wichtiger Vertreter der Schwäbischen Dichterschule und der deutschen Romantik. Sein historischer Roman *Lichtenstein* war sein bekanntestes Werk, das Herzog Wilhelm von Urach Anfang der 1840er Jahre zum Bau von Schloss Lichtenstein, einem heute außerordentlich beliebten Ausflugsziel auf der Schwäbischen Alb, inspirierte.

Doch auch Märchen und Sagen wie *Kalif Storch*, *Das Gespensterschiff*, *Der Kleine Muck*, *Zwerg Nase*, *Das Kalte Herz* und sogar die durch den Film mit Liselotte Pulver so berühmt gewordene Erzählung *Das Wirtshaus im Spessart* stammen aus seiner Feder.

Am 23. November 2013 wurde das Wilhelm-Hauff-Museum in Honau mit einer vom Deutschen Literaturarchiv Marbach unterstützten neu gestalteten Ausstellung wiedereröffnet.

Klein, aber fein ist dieses Museum, das sich zum Ziel gesetzt hat, das literarische Werk Wilhelm Hauffs lebendig zu machen.

Der Rundgang beginnt mit der Darstellung des kurzen Lebens des Dichters. Da sieht man seinen „Reisepass" – und ist erstaunt, wie viele Informationen dieses Dokument zu Hauffs Zeit enthielt. Die Vitrine mit den verschiedenen historischen Ausgaben seiner Werke lässt bei den älteren Besuchern Kindheitserinnerungen aufkommen: Glücklich kann man seine eigene, damals gelesene Ausgabe wiederfinden! Die Vitrinen, die sich mit den Hauffschen Märchen beschäftigen, enthalten viele Textbeispiele mit liebevollen Illustrationen. Und mitten drin sitzt der „Kleine Muck", den die Kinder der Behindertenschule in Reutlingen gebastelt haben. Hier werden auch Hörbeispiele angeboten.

Und dann verweilt man gerne in der Ecke, die viele Erinnerungsstücke aus Hauffs persönlichem Umfeld zeigt. Und wenn man von dort den Blick durch das kleine Fenster lenkt, dann erblickt man hoch droben Schloss Lichtenstein.

Eine nette Museumspädagogin kümmert sich in der Kinderecke um die kleineren Besucher und Schulklassen, die sich sicher gerne in die Hauffsche Märchenwelt entführen lassen. Wirklich ein Museum für die ganze Familie.

Und wer noch Lust hat, kann zum Schloss Lichtenstein hinaufwandern oder einen kleinen Spaziergang zur Echazquelle machen. Auch Nebel- und Olgahöhle laden zu abenteuerlichen Erkundungen ein.

Für das leibliche Wohl sorgen die berühmten fangfrischen Forellen aus der Echaz, die man in den Honauer Lokalen mit den berühmten Rahmkartoffeln (deren Zubereitung ein nicht zu knackendes Geheimnis ist) genießen kann.

Monica Wejwar

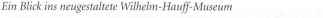

Ein Blick ins neugestaltete Wilhelm-Hauff-Museum

Nähere Informationen
Wilhelm-Hauff-Museum
Echazstr. 2
72805 Lichtenstein-Honau

Öffnungszeiten: Samstag und Sonntag ganzjährig von 14.00–17.00 Uhr oder nach Vereinbarung (07129 / 23 56 bei Käthe Betz) Eintrittspreise: Erwachsene: 2 Euro, ermäßigter Eintritt: 1,50 Euro

DEZEMBER

Persönliche Termine

1	Di
2	Mi
3	Do
4	Fr
5	Sa
6	So **Nikolaus** **Zweiter Advent**
7	Mo
8	Di
9	Mi
10	Do
11	Fr
12	Sa
13	So **Dritter Advent**
14	Mo
15	Di
16	Mi
17	Do
18	Fr
19	Sa
20	So **Vierter Advent**
21	Mo
22	Di
23	Mi
24	Do Heiligabend
25	Fr **1. Weihnachtsfeiertag**
26	Sa **2. Weihnachtsfeiertag**
27	So
28	Mo
29	Di
30	Mi
31	Do Silvester

Was ist los im Ländle?

3.12.–29.12. Göppinger Waldweihnacht
3.12.–6.12. Isnyer Schlossweihnacht
3.12.–6.12. Nikolausmarkt Weingarten
3.12.–6.12. Radolfzeller Weihnachtsmarkt
4.12.–6.12. Nikolausmarkt Bopfingen
5.12.–6.12. Weihnachtsmarkt Reichartshausen
5.12.–6.12. Weihnachtsmarkt Östringen
6.12./13.12./20.12. Tripstriller Tierweihnacht
6.12. Erligheimer Weihnachtsbasar
10.12.–20.12. Überlinger Weihnachtsmarkt
10.12.–20.12. Sternlesmarkt Bietigheim-Bissingen
11.–13.12. Weihnachtsamarkt Geislingen a. d. S.
12.12. Remstaler Weintreff, Schwäbisch Gmünd
12.12.–13.12. Weihnachtsmarkt Oedheim
12.12.–13.12. Adventsmarkt Nürtingen
29.12. Adventszauber Freudental
31.12. 35. Bietigheim-Bissinger Silvesterlauf
31.12. Silvester im Bierkrugstadel Bad Schussenried

Allgemeine Brauchtumstermine

Advent: Vorbereitung auf die „Ankunft des Herrn"
4.12. Barbaratag, an diesem Tag werden Zweige geschnitten, die an Weihnachten blühen werden
24.12. Hauptbeschertermin
31.12. letzter Tag des Jahres, Sylvesterläufe, Sylvesterschwimmen, „Silvesterwiegen" in Nürtingen

Der Hundertjährige

1.12.–2.12. Schnee fällt immer zu
3.12.–8.12. unbeständig
9.12. große Kälte kommt nachts
10.12. starke, überaus kalte Winde, viel Schnee
11.12.–12.12. es herrscht grimmige Kälte
13.12.–14.12. es schneit, nicht mehr so kalt
15.12. es ist klar und sehr kalt
16.12.–19.12. die Kälte läßt nach und es ist trübe
20.12. trüb und kalt
21.12.–28.12. es ist mild und regnerisch
29.12.–31.12. kalt mit Frühnebel und Schnee

Bauernregel

Im Dezember Schnee und Frost,
das verheißt viel Korn und Most.

Neapolitanische Krippe für Museum in Oberstadion

Krippenfreunden aus ganz Europa ist Oberstadion zwischen Ehingen/Donau und dem Federsee seit vielen Jahren ein Begriff. Derzeit beherbergt das bedeutendste zeitgenössische Krippenmuseum des Kontinents in der alten Pfarrscheuer aus dem Jahr 1612 über 170 Krippen.

Das Krippenwesen ist schon alt, der erste, der eine Krippe aufgestellt haben soll, war der Heilige Franziskus von Assisi, der die Geburt Christi seinen Mitbrüdern veranschaulichen und eine Stätte zum Gebet schaffen wollte.

Im 19. Jahrhundert ging durch Europa eine Welle religiöser Neubesinnung in Musik und Kunst – erwähnt sei z.B. nur die Bewegung der Nazarener –, da wollte auch der Oberstadioner Pfarrer Christoph von Schmid nicht zurückstehen, der von von 1816 bis 1827 dort lebte. Was lag in dieser Zeit näher, als die Geburt Christi nachzubilden, indem man eine Krippe fertigte, die

die wichtigsten Stationen vorführte: Die Herbergssuche, die Unterkunft in der Höhle, die Ankunft der Engel und der Hirten und schließlich auch die der Heiligen Drei Könige. Die Krippen verwandelten das Hörerlebnis der Evangeliumslesung zu einem Fest für die Augen.

Krippen waren vor allem in katholischen Gegenden in Gebrauch, evangelische Haushalte stellten im 19. Jahrhundert lieber den bekannten Weihnachtsbaum auf. Und noch ein Unterschied, in katholischen Gegenden wurden die Kinder an Nikolaus und nicht an Weihnachten beschenkt.

Das Krippenmuseum in Oberstadion zeigt Hauskrippen, darunter vor allem die ausdrucksstarken und realitätsnahen *neapolitischen Krippen*.

In den auf das Erd- und das Zwischengeschoss erweiterten Räumen entstand darüber hinaus eine neue, große *neapolitanische Krippe*, die der weltbekannte Krippenbau-er Claudio Mattei fertigte. Er achtete penibel darauf, dass alles nach althergebrachter Technik erstellt wurde: Die gesamte Krippe besteht aus Kork, ist 3,50 Meter hoch und umfasst acht Quadratmeter Grundfläche.

Für die Figuren konnte als Künstler Alfredo Molli, Präsident der Vereinigung der neapolitanischen Figurenhersteller, gewonnen werden.

Eine weitere neue, nämlich sizilianische Krippe schildert auf 30 Quadratmetern die Vertreibung der Händler aus dem Tempel. Die Figuren schuf Professor Daniele Tripi, Palermo, aus Terrakotta und Stoff, gleichfalls nach einer uralten Technik.

Zudem locken Sonderausstellungen, so ab 1. Dezember 2014 „Krippen aus Afrika".

Klaus Schwenning

Nähere Informationen

Geöffnet ist das Krippenmuseum ab 1. Advent bis 31. Januar und von Palmsonntag bis 3 Wochen nach Ostern:
Montag bis Samstag: 14–17 Uhr
Sonn- und Feiertage: 11–17 Uhr

Zu den anderen Zeiten:
Februar bis Oktober ist das Krippenmuseum von Mittwoch–Sonntag und an Feiertagen 14–17 Uhr geöffnet. Im November ist das Museum geschlossen. In dieser Zeit können sich jedoch Gruppen anmelden.

Eine Krippendarstellung, die Christus mit einer Geißel zeigt

DER MONDKALENDER

Wer hat nicht schon Tage erlebt, an denen er aus für ihn unersichtlichen Gründen nervös, von Rastlosigkeit und Unruhe geplagt war oder Tage von ungeahntem Tatendrang und voll Entschlusskraft? Und warum kommen so viele Kinder bei Vollmond auf die Welt? Dass der Mond den Rhythmus der Gezeiten Ebbe und Flut bestimmt, wissen wir. Der Einfluss des Mondes auf den richtigen Zeitpunkt für bestimmte Tätigkeiten ist dagegen weitgehend in Vergessenheit geraten. Umso erfreulicher ist es, dass das Interesse daran wieder wächst und die „Kalendermacher" immer häufiger nach den Empfehlungen des Mondkalenders z.B. beim „Gärtnern" gefragt werden. Wir wollen deshalb unseren Lesern einige wichtige Tipps nicht vorenthalten. Zuerst eine grundlegende Erklärung: Wir unterscheiden Fruchtpflanzen-, Wurzelpflanzen-, Blütenpflanzen- und Blattpflanzentage. Wenn Sie an den angegebenen Tagen die entsprechenden Pflanzen anbauen, werden sie gut gedeihen und reiche Ernte bringen.

 Fruchtpflanzentage

Januar: 7./8., 17./18.
Februar: 5., 13./14.
März: 12.–14.
April: 9./10., 17./18.
Mai: 6./7., 15./16.
Juni: 3./4., 11./12.
Juli: 8./9.
August: 4.–6., 13./14.
September: 1./2., 10./11., 29.
Oktober: 7./8.
November: 3.–5.
Dezember: 1./2., 10., 28./29.

 Blütenpflanzentage

Januar: 6., 14.–16.
Februar: 11./12.
März: 10./11., 19.
April: 7./8., 15./16.
Mai: 5., 13./14.
Juni: 9./10.
Juli: 6./7., 15.
August: 2./3., 11./12., 30./31.
September: 7.–9.
Oktober: 5./6.
November: 1./2., 11., 28./29./30.
Dezember: 8./9., 27.

 Blattpflanzentage

Januar: 6., 9.–11.
Februar: 5.–7., 20/21.
März: 6./7., 16.–18.
Mai: 5., 10.–13.
Juni: 3., 9.–14., 21./22., 30.
Juli: 1., 11./12., 27.
August: 2., 15./16., 30.
September: 12., 18., 29.
Oktober: 9.–11., 20., 28.
November: 6./7., 18.–20., 28.
Dezember: 3./4., 11.–15., 30./31.

 Gehölze schneiden

Januar: 1.–6.
März: 5.–7.
April: 1.–3., 29./30.
Mai: 26./27.
Juni: 22.–24.
September: 12.–14.
Oktober: 9.–11.
November: 6./7.
Dezember: 21.–23., 27.–31.

 Wurzelpflanzentage

Januar: 2.–4., 21./22., 25./26., 29.–31.
Februar: 19., 22./23., 26.–27.
März: 21./22., 25./26.
April: 4., 17./18., 21.–23.
Mai: 1.–3., 15./16., 19./20., 28.–30.
Juni: 11./12., 25./26.
Juli: 8./9., 22.–24., 31.
August: 4.–6., 17.–20., 28./29.
September: 1./2., 15./16., 24./25., 28./29.
Oktober: 13., 22./23., 26./27.
November: 18./19., 22./23.
Dezember: 15./16., 19.–21.

 Gießen

Januar: 5./6., 14.–16., 23./24.
Februar: 1./2., 11./12., 20./21., 28.
März: 1./2., 10./11., 19./20., 27.–29.
April: 7./8., 15./16., 24./25.
Mai: 4./5., 13./14., 21./22., 31.
Juni: 1., 9./10., 17.–19., 27.–29.
Juli: 6./7., 15./16., 25./26.
August: 2./3., 11./12., 21./22., 30./31.
September: 7.–9., 17.–19., 26./27.
Oktober: 5./6., 14.–16., 24./25.
November: 1./2., 11./12., 20./21., 28.–30.
Dezember: 8./9., 17./18., 27.

 Unkrautjäten

Januar: 19./20., Februar: 15.–17., März: 15./16., April: 11./12., Mai: 8./9., Juni: 5./6., Juli: 2./3.

Umtopfen

März: 5.–7., April: 1.–3., 29./30.,
Mai: 16./17., September: 12.–14,
Oktober: 9.–11.

Ableger und Stecklinge setzen

Januar: 20., Februar: 17., September: 12., Oktober: 11., November: 11., Dezember: 10.

Rasen mähen

April: 5./6.
Mai: 15./16.
Juni: 22./23.
Juli: 29., August: 4.–6.
September: 12./13., 25./26.
Oktober: 5./6.

Kompost ansetzen

März: 21./22., 30., April: 26.–28.,
Mai: 15./16., 23.–25., Juni: 11./12.,
20./21.
Juli: 17.–19., August: 13.–15.,
September: 10./11., 28./29.,
Oktober: 7./8.

Haare schneiden

Januar: 7.–11., Februar: 3.–7., März: 3.–7., 30./31., April: 1.–3., 26.–30., Mai: 23.–27., Juni: 20.–24., Juli: 17.–21., August: 13.–17., September: 10.–14., Oktober: 7.–11., November: 3.–7., Dezember: 1.–4., 28.–31.

Heilkräuter sammeln

Heilkräuter sollten bei Vollmond gesammelt werden, zu dieser Zeit ist ihre Heilkraft besonders gut.

Neumond

Bei Neumond wirken kräftige Impulse auf Mensch und Natur. Diese gelten für Neuorientierung, Neubeginn. Die konzentrierten Energien sind frisch und regen zur Planung neuer Vorhaben an. Die Fähigkeit zur Entgiftung und Entschlackung ist für den menschlichen Körper stark. Neumond ist ein sehr wirkungsvoller Fasttag oder auch, um Rauchen oder übermäßigen Alkoholkonsum aufzugeben. Günstige Zeit, um kranke Bäume oder Pflanzen zurückzuschneiden. Schlechte Zeit für chirurgische Eingriffe, da die Wunden langsamer heilen.
20.01., 19.02., 20.3., 18.4., 18.5., 16.6., 16.7., 13.9., 13.10., 11.11., 11.12.

Zunehmender Mond

Phase des Aufnehmens, Einatmens, des Wachsens, Energien werden aufgenommen und gespeichert. Steigende Geburtenzahlen. In der Natur dominiert das oberirdische Wachstum, günstiger Zeitpunkt für die Aussaat und das Pflanzen von allem, was nach oben wächst: Obst und Blumen. Der menschliche Körper kann jetzt besonders gut aufbauen, die Selbstheilungskraft ist jetzt besonders gut. Für alle, die auf ihr Gewicht achten müssen, ist jedoch Zurückhaltung beim Essen angesagt. 1.–4.1., 21.1.–3.2., 20.2.–4.3., 21.–29.3., 19.4.–3.5., 19.5.–1.6., 17.6.–1.7., 17.–30.7., 15.–28.8., 14.–27.9., 14.–26.10., 12.–24.11., 12.–24.12.

Vollmond

Die Natur erreicht den Höhepunkt ihrer Aufnahmefähigkeit. Daher optimaler Zeitpunkt für Düngung der Pflanzen. Der menschliche Organismus reagiert oft mit starken positiven und negativen Gefühlen. Viele leiden unter Schlafstörungen und Nervosität. Chirurgische Eingriffe vermeiden, da Wunden stärker und länger bluten. 5.1., 4.2., 5.3., 4.5., 2.6., 2.7., 31.7., 29.8., 28.9., 27.10., 25.11., 25.12.

Abnehmender Mond

Zeit der Abgabe und des Freisetzens von Kräften und Energien. In der Natur fließen die Säfte abwärts, die Energien gehen zu den Wurzeln. Zeit alles zu säen oder zu pflanzen, was vorwiegend in die Erde hineinwächst, z.B. Wurzelgemüse und Kräuter. Zeit für körperliche und geistige Höchstleistungen beim Menschen. Gute Zeit für erfolgreiche Operationen. 6.–19.1., 5.–18.2., 6.–19.3., 5.–17.4., 5.–17.5., 3.–15.6., 3.–15.7., 1.–13.8., 30.8.–12.9., 29.9.–12.10., 28.10.–10.11., 26.11.–10.12., 26.–31.12.

Angaben ohne Gewähr
Bearbeitet von Jennifer Wilczek

Geleitwort zum Schwäbischen Heimatkalender 2015

Wer einen Kalender kauft, tut das in der Regel zum Jahresende. Wer einen Kalender herausgibt, muss ein halbes Jahr vorher fertig sein und hoffen, dass alles, was er für das kommende Jahr ankündigt, auch eintrifft. Sicher ist beim Schwäbischen Heimatkalender jedoch immer, dass er gute Unterhaltung und interessante Information zu Themen aus dem Land bietet, die meist noch nicht so bekannt und vielfach veröffentlicht sind. Sicher ist auch, dass er – bei allen elektronischen Alternativen – nach wie vor einen festen Platz im täglichen Unterhaltungsangebot hat. Lag er früher in der guten Stube und bot vergnüglichen Zeitvertreib in weitegehend fernseHloser Zeit, so liegt er heute nicht selten im Schlafzimmer auf dem Nachttisch und lädt als Erholung vom angestrengten Blick auf Smartphone-, Computer- und Fernsehbildschirme zum entspannten Blättern oder Lesen des einen oder anderen Artikels ein. Das können zum Beispiel die Erkundungen im Limpurger Land zwischen Gaildorf und Schwäbisch Hall sein, das immer einen Besuch wert ist. Für Schwarzwaldfreunde haben wir, zusammen mit dem Schwarzwald-

verein, unter anderem die Wutachschlucht und das im Naturpark Südschwarzwald geplante Biosphärengebiet im Angebot. Wir gehen französisch klingenden Ortsnamen im westlichen Württemberg und im Enzkreis auf den Grund, stellen auf dem Stuttgarter Killesberg „moderne Architektur" von 1927 vor, beschäftigen uns mit Wegmarkierungen des Schwäbischen Albvereins auf Wanderrouten und sind in Museen wie dem Wilhelm Hauff gewidmeten unterhalb von Schloss Lichtenstein am Fuße der Reutlinger Alb unterwegs. Nicht nur einen, sondern viele Bärte hat unsere Geschichte über den schwäbischen

Bart- und Schnauzerclub Schömberg. Ohne Bart tritt der Travestiekünstler Michael Panzer auf. Seine Figur heißt schließlich auch nicht Conchita Wurst, sondern ist ein schwäbisches Fräuleinwunder. Über sie oder ihn berichten wir genauso wie über die schwäbische Rennfahrerlegende, die den Beinamen „Hans im Glück" trägt. Ein glückliches Zusammenleben von Jung und Alt haben wir im Mehrgenerationenhaus in Schorndorf gefunden, glückliche Behinderte arbeiten im Anne-Sophie-Hotel in Künzelsau und erfahren dort für ihr Selbstbewusstsein so wichtige Wertschätzung. Für die Musik im Kalender sind die Mundartband „Wendrsonn" und die beim SWR4 Chorduell 2014 zum besten Chor des Landes gekürten A-Cappella Ladies aus Kornwestheim zuständig. Tierisches haben wir natürlich auch wieder zu bieten. Mit Eseln sind wir im Nordschwarzwald auf Tour und der NABU Baden-Württemberg präsentiert den Vogel des Jahres 2014. All das und noch viel mehr finden Sie neben Bewährtem wie dem Kalendarium mit Veranstaltungstipps, dem Mondkalender und einer gehörigen Portion Unterhaltung im Schwäbischen Heimatkalender 2015. Ich wünsche Ihnen eine spannende und unterhaltsame Lektüre.   *Wolfgang Walker*

Impressum

Redaktion: Wolfgang Walker,
Weitere Mitglieder der Redaktion: Reinhold Fülle, Dr. Beate Krieg, Dr. Daniel Kuhn, Helmut Eberhard Pfitzer, Professor Dr. Wilfried Setzler, Hans-Martin Stübler, Dr. Raimund Waibel, Monica Wejwar
Schwäbischer Albverein: Hospitalstraße 21 B, 70174 Stuttgart, Tel. 0711 / 22 58 50
Schwäbischer Heimatbund: Weberstraße 2, 70182 Stuttgart, Tel. 0711 / 23 94 20
LandFrauenverband Württemberg-Baden: Bopserstraße 17, 70180 Stuttgart, Tel. 0711 / 2 48 92 70

NABU Baden-Württemberg: Tübinger Straße 15, 70178 Stuttgart, Tel. 0711 / 9 66 72 21
Schwarzwaldverein: Schlossbergring 15, 79098 Freiburg, Tel. 0761 / 38 05 30
Für unverlangt eingesandte Manuskripte wird keine Haftung übernommen. Rückporto nicht vergessen.
Alle Rechte vorbehalten
©2014 W. Kohlhammer GmbH, 70549 Stuttgart
ISBN 978-3-17-024862-5

In den Weidegründen des „Boeuf de Hohenlohe"

Erkundungen im Limpurger Land

Reinhold Fülle

Speisekarten können Offenbarungen sein: Wenn wir darauf etwa einem Gericht vom *Limpurger Rind* begegnen, sollten wir nicht lange überlegen. Denn wir bekommen garantiert einen regionalen Braten auf den Tisch. Er stammt von der ältesten noch existierenden Rinderrasse Württembergs. Die ist nach genau der Gegend benannt, die wir kulinarisch, touristisch und historisch entdecken wollen. Man nennt sie Limpurger Land, oft auch Limpurger Berge. Die bewaldeten Hügel zwischen dem Murrhardter Wald im Westen und den Ellwanger Bergen im Osten sind aber keine Riesen. Sämtlich scheitern sie an der 600-Meter-Marke. Am höchsten ist der östlich von Sulzbach am Kocher gelegene Altenberg (564,7 m), der von einem Aussichtsturm gekrönt wird.

Abtsgmünd im Süden, Gaildorf im Westen, Obersontheim im Nordosten sind die wichtigsten Siedlungspunkte. Doch, obwohl im Norden die Macht der Limpurger vor den Toren der Stadt Hall endete, führt allein sie in zwei Stadtteilen den Namen Limpurg fort.

Vor über 300 Jahren sind die Grafen, denen der schöne Titel „Schenk" beigefügt war, ausgestorben. Sie haben nicht nur der Gegend zwischen den Flüssen Kocher und Bühler den Namen gegeben, sondern als zeitweise weit verzweigte schwäbisch-fränkische Adelsfamilie Politik im damaligen Deutschland gemacht. Ihrer Dynastie entsprangen zahlreiche hochgestellte Reichsbeamte, Bischöfe und Domherren. Einer von ihnen war Fürstbischof von Würzburg, einer Bischof in Straßburg. Und im Lohrbacher Wasserschloss im Odenwald haben Historiker den Minnesänger, Ordensritter und Verfasser der berühmten Heidelberger Liederhandschrift *Codex Manesse*, Konrad I., lokalisiert. Auch er entstammte dem Haus Limpurg.

Schenk Konrad I. von Limpurg im Codex Manesse

Am Ende eine reine „Frauenwirtschaft"

In ihrer Hochblüte teilten sich mehrere Linien das Land. Nicht weniger als zehn erbberechtigte Töchter gehörten zur Sippe. Doch ein männlicher Spross fehlte. Alles, was die Schenken in den zurückliegenden 500 Jahren erworben hatten, manches nur als Lehen, wurde nach 1713 verteilt. Kavaliere aus allen deutschen Landen hatten sich beizeiten als Heiratskandidaten bei den Erbtöchtern angeboten. Als die Reichsgrafschaft schließlich aufgelöst wurde, zeigte sich, wie verzweigt und verstrickt die Verwandtschaftsverhältnisse der Adelslinien gewesen waren. Neben ihrem Limpurger Ländchen besaßen die Schenken Ableger im Mittel- und Unterfränkischen. Dazu gehörte das sogenannte Speckfelder

Das Limpurger Rind, besser bekannt als Boeuf de Hohenlohe

Land südöstlich von Würzburg mitten in der berühmten Bocksbeutel-Gegend. Das hatten die Limpurger im frühen 15. Jahrhundert samt einigen Ortschaften erworben.

Die namensgebende Burg Speckfeld ist im 17. Jahrhundert niedergebrannt und nicht wieder aufgebaut worden. Die Hauptresidenz wurde 1685 ins Schloss nach Markt Einersheim verlegt. Nach dem Tod des letzten Schenken fiel die Herrschaft Speckfeld an die Grafen von Rechteren-Limpurg, welche das Einersheimer Schloss bis in die 1960er Jahre bewohnt haben. Doch die limpurgischen Kontakte reichten noch über das Speckfelder Land hinaus bis nach Brandenburg.

Stammbaum der Erbschenken von Limpurg-Obersontheim, ein Zweig der großen Familie der Schenken von Limpurg

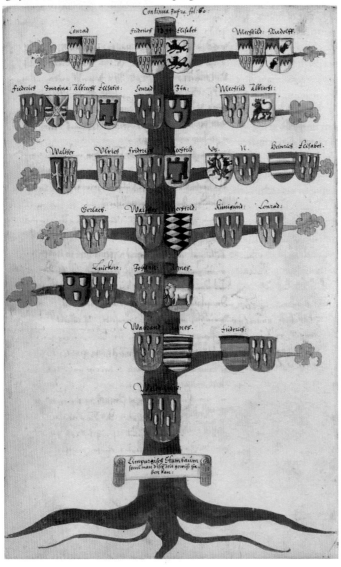

Etwa 500 Jahre lang hatten die Schenken das Land zwischen Bühler und Kocher beherrscht. In der Stauferzeit hatten sie sich als Beamte ausgezeichnet, waren in den Adel befördert und mit ihrem Schenkenamt ausgestattet worden. Damals gehörte neben Truchsess, Kämmerer und Marschall der Mundschenk zum innersten Zirkel des Kaisers. Nach dem Ende der staufischen Zeit im 13. Jahrhundert blieben von den Ämtern die Titel übrig. So wie die oberschwäbischen Grafen von Waldburg ihre Truchsess-Würde haben die Limpurger, wie auch die Stauffenbergs, ihr Prädikat „Schenk" weitergeführt. Als schöne, aber später weitgehend sinnfreie Beifügung zum Adelsnamen.

Ähnlich sinnfrei ist heute die Bezeichnung *Limpurger Land*. Es ist eine bloße Verbeugung vor der Vergangenheit. Doch manchmal kann ein Geschichtstitel auch in der Gegenwart nützlich sein: Denn das Limpurger Land ernährt das Limpurger Rind. Es sei die älteste noch existierende Rinderrasse Württembergs, heißt es. Die von hellgelb bis hellrot einfarbigen Tiere sind aus dem Roten Landvieh mit dem Allgäuer Rind gekreuzt worden. Die Erzeugergemeinschaft *Boeuf de Hohenlohe* hat das Limpurger Rind aufs Neue gezüchtet und dafür gesorgt, dass man ihm heute wieder begegnen kann: Als marmoriertem Steak, als feinfaserigem Braten oder als saftigem Schmorstück auf der Speisekarte in guten Landgasthöfen der Region. Inzwischen genießt der *Weideochse vom Limpurger Rind* EU-weit Produktschutz. Weil er einen wertvollen Beitrag zum Erhalt der Kulturlandschaft leistet, wie der baden-württembergische Verbrau-

cherminister bestätigt hat. Der Weideochse wird in traditionell kleinbetrieblichen Strukturen gehalten und ist ein erstklassiger kulinarischer Botschafter für seine Heimatregion.

☞ **Tipp:** Die Hohenloher Bauern, die sich zur bäuerlichen Erzeugergemeinschaft zusammengeschlossen haben, züchten und mästen auch das legendäre *Schwäbisch-Hällische Schwein* und das berühmte *Boeuf de Hohenlohe* wie früher in ihren bäuerlichen Betrieben. Neben dem Erzeugerschlachthof in Schwäbisch Hall ist die Wurstmanufaktur der bäuerlichen Erzeugergemeinschaft untergebracht.

Die Limpurg steht bei Schwäbisch Hall

Auf der Höhe über der Stadt Schwäbisch Hall steht die „Limpurg". Zumindest finden wir dort ihre Überreste. Schenk Walter von Schüpf ist vermutlich um das Jahr 1220 vom Taubergrund hierher umgezogen. Warum er seinen neuen Wohnsitz „Limpurg" nannte, ist nicht bekannt. Ob er auf einen Lindenberg oder auf einen Lindwurm (Drachen) zurückgehe, bleibe unklar, schreibt der Hohenloher Historiker Carlheinz Gräter in seinem Buch *Burgen in Hohenlohe.* Fest steht: Mit jener Burg hat der Bauherr seinem Geschlecht ein für allemal den Namen „Limpurg" verpasst.

Obwohl Hall mit den Schenken wirtschaftlich verbunden war, muss die feste Burg über der Ebene für die Salzsiedestadt wie ein Stachel im Fleisch gewirkt haben. Eine Zeitlang war sogar das Haller Stadttor nach der Limpurg hin zugemauert und damit der Verkehrsweg gesperrt. Nach vielem Streit und vielen Händeln haben die Haller

den damals offenbar finanziell klammen Schenken die Burg samt dem dazugehörigen Dorf Unterlimpurg abgekauft und die intakte Anlage zum Abbruch freigegeben. Viel Material ist in Haller Privathäusern verbaut worden. Was sich heute im Stadtteil Oberlimpurg an Torbögen, Steinstümpfen und Wehrmauerresten zwischen Bäumen und Büschen aufrechthält, ist zu Beginn des 20. Jahrhunderts von vaterländisch gesinnten Archäologen und Restauratoren aus dem Erdreich herauspräpariert worden. Das Wenige lässt auf eine große wehrhafte Anlage schließen. Mit einem dickwändigen Bergfried, einer stabilen Umfassung und einem Tiefbrunnen im Innenhof, der bis auf den Wasserspiegel des Kochers durch den Fels hinabgehauen war. Wer sich auf den Weg zur Ruine über dem südlichen Stadtrand von Schwäbisch Hall aufmacht, wandelt auch auf den Spuren des Dichterpfarrers Eduard

Maurreste der Ruine Limpurg bei Schwäbisch Hall

Mörike. Er hat die Aussicht von hier oben gelobt. Tatsächlich bietet sich ein Ansichtskartenblick auf die Comburg, die sich vis-à-vis auftürmt.

In seinem Atelier hat der Maler und Holzschneider Dieter Franck auf der Limpurg bis zu seinem Tod

Zwei Amseln singen im Garten, eine Katze geht vorbei, vom Schwäbisch Haller Künstler Dieter Frank (14. April 1971. Tempera, Aquarell, Pastell auf Bütten. 48 x 62,5 cm)

1980 gearbeitet. Ähnlich wie HAP Grieshaber auf der Reutlinger Achalm hat er abseits der Menschen mit Holzschnitten und kräftigen Farben experimentiert. Sein Haus kann heute besichtigt werden.

Zahlreich sind die Residenzen

Nachdem die Schenken im 15. Jahrhundert – zwangsläufig – von ihrer Burg herabgestiegen waren, haben sie sich in die Linien Gaildorf und Obersontheim, und in der Folge in immer neue Neben- und Seitenzweige geteilt. Im 18. Jahrhundert stellt sich das Limpurger Ländchen als ein Flickenteppich von Kleinst-Herrschaften dar. Auf eine dieser Miniaturresidenzen stoßen wir am Rand des Kochertals. Dort steht am Berg über dem Ort Sulzbach in Resten das hufeisenförmig gebaute Schloss Schmiedelfeld. Es ist heute in Privatbesitz und kann nicht besichtigt werden. Die dazugehörige Schlosskirche aus der Renaissance hat eine wenig glanzvolle Geschichte als Wohnhaus, Tierstall und Ausschank hinter sich. Erst Ende des 20. Jahrhunderts ist sie vom Kulturverein Sulzbach-Laufen mit großem Eigenaufwand gerettet und der Allgemeinheit als Kulturzentrum zurückgeben worden.

Dem ebenfalls ehemals limpurgischen Schloss in Michelbach an der Bilz ist es besser gegangen, obwohl auch das Anfang des 20. Jahrhunderts ein Abrisskandidat gewesen ist. Als Anlage ist es intakt geblieben, weil ein Landerziehungsheim, später ein Aufbaugymnasium darin Platz fand. Im 14. Jahrhundert haben die Schenken den Ort Michelbach aus klösterlichem und adeligem Besitz gekauft und schon vor dem Dreißigjährigen Krieg ihr Schloss im Stil der Renaissance erbaut. Eine ständige Residenz war es aber nie. Das Hauptgebäude blieb über Jahrhunderte unbewohnt und wurde landwirtschaftlich genutzt. Im angebauten sogenannten „Kleinen Schloss" befanden sich Amts- und Wohnräume des Försters und zeitweise auch die Wohnung einer Gräfin von Löwenstein.

Michelbach an der Bilz zählt knapp 5000 Einwohner, führt stolz den goldenen Schenkenbecher im Schild, sprich im Gemeindewappen, und erinnert damit an seine limpurgische Vergangenheit. Der Ort liegt kaum mehr als 5 Kilometer von der Stadt Schwäbisch Hall entfernt.

Bis heute fällt der spätromanische Turm der Michaelskirche dem Betrachter auf. Er ist das letzte Zeugnis einer ursprünglichen Martinskirche, die schon Ende des 8. Jahrhunderts „aktenkundig" ist.

Die Bilz thront als Ausläufer der Limpurger Berge über dem Ort. Wobei ihr weibliches Geschlecht oft zur falschen Vermutung führt, dass dieses Michelbach an einem Bach namens Bilz liege.

Hermann Frasch, der „Schwefelbaron" aus Oberrot

Auch in Oberrot stoßen wir auf Limpurger Spuren. Kein Wunder, gehörte die Gemeinde doch einst zur Grafschaft. Ein Schloss finden wir dort nicht. Aber den zweigeschossigen Bau eines Freien Adelssitzes, dessen Unterhalt heute von einem Förderverein unterstützt wird. Eine couragierte ehemalige Bewohnerin unterhält darin das „Äskulap-Infozentrum". Was man darunter verstehen darf, hat der geneigte Leser des „Schwäbischen Heimatkalenders" in der Ausgabe für das Jahr 2014 ausführlich lesen dürfen. Den Freien Adelssitz bewohnte hauptsächlich Ortsadel, eine Zeit lang vermutlich auch der limpurgische Vogt. Im heutigen Museum wird unter anderem an den „Schwefelkönig" Hermann Frasch, einen gebürtigen Oberroter, erinnert. Der Mann, der sich als Autodidakt in Amerika ein nach ihm benanntes Verfahren zur industriellen Schwefelgewinnung patentieren ließ, mit dem er schwerreich wurde, ist in Paris gestorben. Vorübergehend ruhten seine Gebeine dann in Gaildorf, wo wir sein leeres und jüngst renoviertes Mau-

soleum auf dem Friedhof sehen können. Seine endgültige und letzte Ruhestätte befindet sich aber in New York, wohin er 1924 überführt wurde. Einzelheiten berichtet gerne die „starke Frau" Maria Fassbender, die Betreiberin des Äskulap-Museums in Oberrot, die sich als Museumsleiterin auch sonst für das Jahr 2015 wieder einiges vorgenommen hat: Zum Beispiel will sie als Puppenspielerin herausragende Frauen aus der Zeit von 1300 bis 2000 vor Publikum zum Reden bringen. Darunter die Atomphysikerinnen Lise Meitner und Marie Curie. Das Äskulap-Infozentrum im *Freien Adelssitz Oberrot* ist jeden zweiten Sonntag geöffnet. Es gibt dann eine kleine Bewirtung. Den Kuchen backt die Chefin selbst.

Sägen und Sägereien im Limpurger Land

Naturräumlich gehört Oberrot schon zum Murrhardter Wald. Der wiederum ist eine ausgesprochene Mühlenlandschaft. Beim Weiler Marhördt, einem Teilort von Oberrot, ist 1983 eine alte Sägemühle zum Museum geworden. Davor

In Marhördt lässt sich auch wunderbar golfen

wurde sie von sieben Bauern gemeinsam genutzt. Jetzt kann man allerlei Werkzeuge zur Holzverarbeitung dort besichtigen. Auch die Wagen und Schlitten, die für den Holztransport eingesetzt worden sind.

Die Firmengeschichte der Klenk Holz AG hat vor gut 100 Jahren auch mit einer Sägemühle in Oberrot begonnen. Heute ist daraus ein großes Unternehmen im Bereich der Holzsägerei und der Holzbearbeitung geworden. Inzwischen gehört es einem amerikanischen Industrieimperium, produziert wird aber immer noch am Ort, auch in Gaildorf sowie an anderen Standorten. Und im Gegensatz zu früher liefern nicht mehr Wasserräder die Energie, sondern etwa Rindenverbrennung oder Biomasse.

Gar nicht weit von der Klenk'schen Holzfabrik entfernt lässt es sich auf einem 18-Loch-Meisterschaftsplatz gepflegt Golf spielen. Es ist genug Platz sowohl für Industrie als auch für Freizeitanlagen. Ein Trumpf, den das Limpurger Land gut ausspielen kann.

Eine „Stabkirche" im Dolmetsch-Stil

Obwohl Oberrot zu den ältesten Gemeinden im Limpurger Land gehört, ist die Bonifatiuskirche nicht ganz so alt, wie man meinen

Die historische Sägemühle in Oberrot, heute ein Museum

Ein Ausschnitt aus der Decken-
malerei der Oberroter Kirche

könnte. Lediglich ihr Turm stammt noch aus dem 10. Jahrhundert. 1887 hat der württembergische Kirchenarchitekt Heinrich Dolmetsch, der sich auch in der Gaildorfer Stadtkirche verewigt hat, die Oberroter Kirche in dem nach ihm benannten Dolmetsch-Stil umgebaut. Eine reiche Ornamentik schmückt die 2-geschossigen Emporen und die Spitzgiebeldecke im Kirchenschiff. Biblische Szenen sind im Holzgewölbe des Chors frei aufgemalt. Im Kircheninnenraum fühlen wir uns an eine hölzerne skandinavische Stabkirche erinnert. Derartige im Stil des Historismus umgebaute Kirchen haben heute Seltenheitswert.

Ein Besuch in der Bonifatiuskirche ist daher empfehlenswert. Besucher sind herzlich willkommen. Kirchenführungen können im Pfarramt Oberrot angemeldet werden.

In Gaildorf, einer von zwei Hauptresidenzen, lässt sich die Vergangenheit heute noch gut an den Gebäuden ablesen. Neben der gotischen Stadtkirche mit ihren Grabdenkmälern und zwei Schlössern, eines davon in beherrschender Lage an der Kocherbrücke, zeugt auch der Fruchtkasten mit seinem spätgotischen Fachwerk von der Schenkenzeit. Der berühmte Becher der Schenken ist übrigens

erhalten: Nicht mehr wie lange Zeit in Gaildorf, sondern im Landesmuseum Württemberg in Stuttgart.

Als Graf Vollrath, der letzte Schenk, 1713 sein Leben aushauchte, starben die Limpurger im Mannesstamm aus. Sein Tod markiert das Ende der Grafschaft. Aber Nachkommen der Limpurger Erbtöchter erscheinen später auf den Ahnentafeln des deutschen und europäischen Hochadels.

Den Erbstreitigkeiten unmittelbar nach des letzten Schenken Tod verdankt Gaildorf übrigens sein *Brandenburger Törle*. Durch dieses Stadttor ist am 13. Februar 1714 das preußische Militär abgerückt, nachdem es knapp einen Monat vorher in Gaildorf einmarschiert war, um preußische Erbansprüche zu sichern. Die Sache war gut ausgegangen, weil eine kaiserliche Kommission eine gütliche Einigung bewirkt und das preußische Bataillon zum Abmarsch bewogen hatte. Eben durch das bis heute noch sogenannte *Brandenburger Törle*.

Schubart: Ein Sohn des Limpurger Lands

Auch wenn später ein großer Brand einiges an Obersontheimer Geschichte eingeäschert hat, unter anderem ist damals das (protestantische!) Gotteshaus arg mitgenommen worden, glauben wir bis auf den heutigen Tag den Atem der Schenken zu spüren. Obersontheim ist die jüngere Hauptresidenz der Limpurger gewesen. Hier starb der letzte Schenk. Die einstige Kanzlei ist jetzt Rathaus. Und ins Schloss ist zu Beginn des 20. Jahrhunderts ein Altenpflegeheim eingezogen. Epitaphe an den Außenwänden von Schloss, Kirche und Rathaus erinnern an die Grafen.

Als im Schulhaus am Friedhofsweg im Jahre 1739 der spätere Autor und Musiker Christian Friedrich Daniel Schubart zur Welt kam, war der letzte Schenk von Limpurg schon ein Vierteljahrhundert unter der Erde. Und das Limpurger Ländchen in Miniatur-Erbteile aufgeteilt. Über seinen

Das Gaildorfer „Stadtschloss", einer der herrschaftlichen Sitze
der Schenken von Limpurg

Der Dichter Schubart auf einem zeitgenössischen Stich

Geburtsort Obersontheim hat Schubart später wenig zu sagen gewusst.

Er war Sohn eines Pfarrvikars, der sich schon im Jahr drauf beruflich ins nahe Aalen veränderte. Bereits als Achtjähriger spielte Christian Friedrich Daniel besser Klavier als sein Vater. Er wurde Dichter, Journalist, Musiker und Frauenheld. Aber er lebte in der falschen Zeit. Dem absolut regierenden württembergischen Landesherrn gefielen die Artikel gar nicht, die Schubart in seiner *Deutschen Chronik* über ihn schrieb. Also ließ ihn Herzog Carl Eugen durch eine List aus der Sicherheit der Freien Reichsstadt Ulm auf württembergisches Territorium locken. In Blaubeuren wurde er verhaftet und auf der Festung Hohenasperg eingesperrt.

Ausgerechnet dort entstand sein Gedicht *Die Forelle*. Franz Schubert hat es später zu einem bekannten Kunstlied vertont. Geschlagene zehn Jahre saß der zornige Dichter im Gefängnis. Die Festungshaft brach seinen Willen. Gehorsam nahm er ein Angebot seines Landesherrn Carl Eugen an. Der machte ihn im Anschluss zy-

nisch zum Theaterdirektor in Stuttgart und ließ ihn sogar seine *Deutsche Chronik* als Journalist wieder herausgeben. Freilich war ihm da der Giftzahn gezogen. In Obersontheim erinnert eine Tafel am Geburtshaus an ihn.

Der Büchelberger Grat – ein Landschaftsanhängsel

Als Anhängsel der Limpurger Berge zieht sich der Büchelberger Grat vier Kilometer lang, aber nur knapp einen halben Kilometer breit und kaum besiedelt, wie ein Schlauch von Nordwest nach Südost. Gegen Südwest fällt er stellenweise steil ab. Wanderer steigen den Weg vom tief eingeschnittenen und weltabgewandten Tal der Bühler, die unterhalb entspringt, auf das Plateau hinauf, weil der Blick von oben nicht ohne ist. Man sieht auf die Schwäbische Alb und auf die Ellwanger Berge.

Zusammen mit den Limpurger Bergen bildet der Büchelberger Grat die Wasserscheide zwischen Kocher und Bühler. Aber am Schluss läuft alles wieder zusammen. Denn nach gut 50 Kilometern mündet die

Bühler auf der Haller Ebene in den Kocher. Sie gibt den Orten Bühlertann und Bühlerzell den Namen. In Bühlertann stoßen wir über dem Flusstal auf die Tannenburg aus dem 13. Jahrhundert. Sie ist wahrscheinlich, wie Burg Wöllstein auch, von der noch die Rede sein wird, von den Ellwanger Äbten in Auftrag gegeben worden. Noch immer ist die spätstaufische Tannenburg ganz intakt mit einer enormen begehbaren Schildmauer. Ihre Privatbesitzer betreiben unter anderem Landwirtschaft auf ökologischer Basis. Dazu gehören ein Biobauernhof und ein Schulbauernhof. Auch begegnen wir in Bühlertann dem Quellenpatron Gangolf. Allerdings ohne Quelle. Immerhin ist ihm eine Gangolfskapelle geweiht.

Die Flächengemeinde Abtsgmünd am Zusammenfluss von Kocher und Lein zählte nicht mehr zur Limpurger Grafschaft. Um die benachbarten Schenken im Auge zu behalten, ist Burg Wöllstein von den Ellwanger Fürstpröbsten, die in Abtsgmünd einen Hochofen und eine Hammerschmiede betrieben, angelegt worden. Was von Burg

Die Tannenburg bei Bühlertann. Ein Kleinod in offener Landschaft (Foto: Bernd Haynold)

Wöllstein im Bauernkrieg unzerstört blieb, ist später abgebrochen worden. Die Burgkapelle steht aber noch. Lange Zeit war sie eine Einsiedelei. An einem Jakobs-Pilgerweg gelegen, ist sie heute Anlaufstation auf dem Weg nach Santiago de Compostella. Der Malerpfarrer Sieger Köder hat auf ihrer Südseite die für Jakobspilger so wichtige Hühnerwunderlegende aus dem spanischen Santo Domingo de la Calzada dargestellt. Des Pfarrers Kunst können wir übrigens auch jenseits der Limpurger Berge sehen. Lange war er Pfarrer in Rosenberg. Dort hat er die Kirche ebenso wie die Jakobuskirche von Hohenberg verschönt. Zahlreich sind die Stationen seines Wirkens. Einen guten Eindruck von Leben und Wirken des Pfarrers erhält man beim Besuch des Sieger Köder-Museums – Bild und Bibel in Ellwangen. 150 Exponate sind dort an zwölf Stationen arrangiert.

Zu den insgesamt 75 Dörfern, Weilern, Höfen und Häusern von Abtsgmünd zählt Pommertsweiler mit seinen Hammerschmiedeseen. Die sind künstlicher Natur. Dafür legte man im 18. Jahrhundert der jungen Bühler ein Korsett aus meterhohen Erddämmen an und staute ihr Wasser zum Betrieb von Hammerschmieden auf. Heute wirkt diese Seenlandschaft ganz natürlich. Ein großer Campingplatz mit internationaler Belegung und eine Gastwirtschaft fügen sich unaufdringlich in die Seenplatte ein. Der private Betreiber nutzt einige Teiche auch zur Fischzucht.

Über die Limpurger Berge hinausgeschaut

Die Ellwanger Berge begrenzen das Limpurger Land im Osten, die Haller Ebene im Norden, die Waldenburger Berge im Nordwesten, im Süden blickt man über das Keuperbergland der Ellwanger Berge und jenseits des Kochers im Südwesten dehnt sich die Frickenhofer Höhe aus. Dort liegt Seifertshofen, das zur Gemeinde Eschach

Das „Hühnerwunder" gemalt von Sieger Köder auf Burg Wöllstein

im Ostalbkreis gehört. Am Ortsausgang reibt sich der ortsfremde Autofahrer die Augen: Dort ist allerlei Kriegsmaterial aufgereiht. Von der Wehrmachtskanone bis zum Sikorski-Hubschrauber und zum Starfighter. Das hat einst Eugen Kiemele so arrangiert. Der wurde hier 1937 als Bauernsohn geboren, war später erfolgreicher Motorsportler und geschäftlich geschickt im Auflösen von Haushalten und Nachlässen. Was seinem persönlichen Geschmack entsprach, hat er herausgepickt und in einem privaten Museum ausgestellt. Das Kiemele-Museum ist eine unglaubliche Ansammlung unterschiedlichster Dinge: Nicht alles ist militärischer Abstammung. Zivile Auto-Oldies, alte Landwirtschaftstechnik, Traktoren und fahrbare Dampfmaschinen gehören auch dazu. Ab und an öffnen sich die Museumshallen und vieles, was dampft und stampft, wird dann vor Zuschauern bewegt. Zum Beispiel beim Lanz-Bulldog- und Dampffestival jedes Jahr Anfang September.

Die Stadt Vellberg an der Bühler hat, obwohl nicht sehr weit von Obersontheim gelegen, nicht zum Herrschaftsbereich der Grafschaft Limpurg gehört. Räumlich dürfen wir die befestigte Bergstadt auf

Das Schwäbische Bauern- und Technikmuseum in Eschach-Seifertshofen

Die Untere Burg Vellberg, die auf einem Bergsporn ausläuft und die Landschaft dominiert. (Foto: Bernd Haynold)

dreieckigem Grundriss mit Schloss, Kornkasten, Torturm und Toren, mit Basteien und unterirdischen Wehrgängen aber fast noch dem Limpurger Land zuordnen. Die Edelfreien von Vellberg sind Ende des 16. Jahrhunderts ausgestorben, ihr Erbe wurde dann an die Reichsstadt Schwäbisch Hall verkauft. In ihrem Renaissance-Amtshaus sind heute das Rathaus und ein Hotel untergebracht. Die überaus romantische Stadtkulisse eignet sich für einen Christkindlesmarkt an jedem zweiten Dezemberwochenende ebenso wie für das Weinbrunnenfest am ersten Juliwochenende.

Am Oberlauf des Kochers spaziert man im Adelmann'schen Schlosspark in Hohenstadt auf gekiesten Wegen zwischen Buchs unter zugewachsenen Laubengängen. Und durch eine Kugelbaumallee im ältesten barocken Heckengarten Europas. Da ist ein Hauch von Versailles zu spüren!

Johann Christof Adelmann ist hier geboren worden, mitten in den Zeiten des Dreißigjährigen Krieges. Er hat es in Ellwangen bis zum Fürstprobst gebracht und dort den Grundstein für die erste Barockkirche hierzulande gelegt. Sie grüßt

bis heute vom Schönenberg weit ins Land hinaus.

Ellwangen, an einem alten Überlandweg vom Rhein zur Donau gelegen, ist seit dem hohen Mittelalter eine Stadt des Glaubens, begründet durch Benediktinermön-

Der barocke Garten von Hohenstadt mit seinen Kugelbäumen

Die Pferdeschau in Ellwangen anlässlich des Kalten Markts

Auskunft: Gemeindeverwaltung,
Rottalstraße 44, 74420 Oberrot
Tel.: 07977 / 74 22
Fax: 07977 / 74 44
info@oberrot.de www.oberrot.de

Hammerschmiedeseen
Pommertsweiler
www.hug-hammerschmiede.de

Schwäbisches Bauernmuseum
Eschach-Seifertshofen
www.museum-kiemele.de

Freier Adelssitz Oberrot
www.aeskulap-infozentrum.de

Barockgarten Hohenstadt
www.GrafAdelmann.de
Schloss Hohenstadt
Amtsgasse 10
73453 Hohenstadt

che ums Jahr 764. Die Äbte der ungewöhnlich großen Abtei sind in staufischer Zeit zu Reichsfürsten aufgestiegen. Zu jener Zeit wurde auch die heutige Basilika St. Veit als Klosterkirche erbaut. Wer sich für Kunstgeschichte interessiert, wird diesen romanischen Bau mit seinen drei Langschiffen und einem Querschiff aus Sandsteinquadern faszinierend finden. Die Reliquien der drei „Pferdeheiligen" Meleusippus, Eleusippus und Speusippus sind sozusagen die Basis dieses Klosters gewesen. Sie sollen als Pferdezüchter in Kapadokien (in der heutigen Türkei) gelebt haben und für ihren christlichen Glauben gestorben sein. Ihnen zu Ehren wird jedes Jahr zum Auftakt des *Kalten Markts* ein Gottesdienst in der Basilika St. Veit abgehalten. Pferdezüchter, Bauern, Pferdeliebhaber und Reiter strömen in der zweiten Januarwoche nach Ellwangen. Das ist nicht nur ein traditioneller Pferdemarkt, sondern ein „Nationalfeiertag". Immer am Montag nach dem Dreikönigstag ist der Tag der Pferdeprämierung

mit dem traditionellen Reiterumzug. Wer sich danach nicht sputet, findet in den Gaststätten kein Plätzchen mehr. Aber natürlich ist Ellwangen über seinen „Nationalfeiertag" hinaus immer einen Besuch wert. Das Ellwanger Wellenbad beispielsweise bietet das ganze Jahr über Badespaß mit Meer-Feeling. Das ist eine Freizeitbadelandschaft vom Feinsten. Mit garantiertem Blick zum Schloss.

Nähere Informationen
Hohenloher Fleisch
www.besh.de (Erzeugerschlachthof in Schwäbisch Hall und die Wurstmanufaktur der Bäuerlichen Erzeugergemeinschaft)

Dieter Franck Haus
Felicitas Franck, Oberlimpurg 1
74523 Schwäbisch Hall

Sägmühle Oberrot-Marhördt
Marhördt im Mühlbachtal, kurz vor dessen Mündung in die Rot: Geöffnet April bis Oktober nach Vereinbarung.

Die Wutachschlucht im Südschwarzwald – Naturraum und Attraktion

Friedbert Zapf

Das knapp 1000 Hektar große Naturschutzgebiet Wutachschlucht ist ein touristisches Schwergewicht. Um die 80 000 Menschen besuchen jährlich die intensiv beworbene Naturschönheit. Der *Querweg Freiburg-Bodensee* des Schwarzwaldvereins folgt seit 1934 der Wutachschlucht, und der von den Touristikern des Landkreises Waldshut kreierte *Schluchtensteig* profitiert erheblich vom Mythos Wutachschlucht. Dieser mit Auszeichnungen bedachte Mehrtageswanderweg mit dem Herzstück Wutachschlucht wurde 2014 zum dritten Mal als Qualitätsweg Wanderbares Deutschland zertifiziert und gehört inzwischen den *Top Trails of Germany* an. Mittlerweile versuchen auch noch Anliegergemeinden, zusätzliche Rundwanderwege in der Schlucht auszuweisen. Bleibt da die Natur womöglich auf der Strecke?

Hochwertiger Naturraum

1200 Farn- und Blütenpflanzen habe man gezählt, so ist in den Werbeprospekten zu lesen, 10 000 Tierarten bevölkerten die Schlucht, der Besucher durchwandere mehrere 100 Millionen Jahre Erdgeschichte, von der letzten Wildflusslandschaft Europas wird schon einmal fabuliert, und sogar zu dem schiefen Bild *Grand Canyon des Südschwarzwaldes* hat man sich verstiegen.

Betrachten wir die rund 30 Kilometer lange Schlucht der Wutach etwas nüchterner: Sie hat schon einmal eine Tiefe von über 100 Me-

tern aufzuweisen, von einem *Canyon* indes kann keine Rede sein. Allenfalls an wenigen Stellen darf der Wanderer – nur durch ein Drahtseil vom Abgrund getrennt – mit Gänsehaut auf die 40 Meter tiefer fließende Wutach blicken. Bemerkenswert ist, dass das meist zahme Gewässer den martialischen Namen Wutach trägt – nämlich wütendes Wasser. Aber wer je ein

von Wolkenbrüchen im Feldberggebiet gespeistes Sommerhochwasser mit seiner schmutzig braunen Flutwelle erlebt hat oder ein reißendes Schmelzwasser nach einem Föhneinbruch im Einzugsgebiet der Wutach, der weiß, dass die Altvorderen mit der Namensgebung nicht danebenlagen.

Was hat es nun mit den Millionen Jahren Erdgeschichte auf sich? Zugegeben, sehr bunt ist die geologische Palette zunächst nicht: In der oberen Schlucht bis herab zur Schattenmühle kommen hauptsächlich Granite und Gneise vor,

Der Tannegger Wasserfall ergießt sich über eine in Jahrhunderten gewachsene Nase aus Tuffstein

beim Räuberschlössle eine Porphyrklippe, dann findet sich etwas Buntsandstein und schließlich bis hinab zur Wutachmühle reicht der Muschelkalk. Erst im unteren Drittel der Schlucht rutschen noch die Tonlehme des Keupers auf den Wanderweg. Das Außergewöhnliche jedoch ist, dass die von der Wutach aufgeschlossenen Gesteinsformationen in geringer Distanz beieinander liegen. Nirgendwo sonst kann man so große Teile der südwestdeutschen Geologie auf so kurzer Strecke erwandern.

Die Wutachschlucht war immer eine Waldschlucht, und an schwer zugänglichen Steilhängen stößt man auch heute noch auf die natürlichen Waldgesellschaften auf den Granit- und Gneisböden bestehend aus Tanne, Buche, Bergahorn. Unterhalb der Schattenmühle findet sich kalkliebender Laubmischwald, dominiert von Bergahorn, Esche und Bergulme auf der Schattenseite der Schlucht und Spitzahorn, Linde und sogar einigen Eichen auf der Sonnenseite. Doch es gibt auch eine Kehrseite der Medaille: Etwa die Hälfte der Waldfläche ist mit Fichten bestockt, einer Baumart, die der ursprüngliche Urwald hier nicht kannte. Seit Ende des 18. Jahrhunderts bereits wurden Fichten in die Schlucht gepflanzt. Der hohe „unnatürliche" Fichtenanteil ist wesentlicher Grund, warum bisher in der Schlucht kein Bannwald ausgewiesen wurde. Ein Nutzungsverbot würde nämlich den Fichtenanteil langfristig zementieren.

In Sachen Pflanzenvielfalt liegen die bunten Tourismusprospekte nicht falsch. Selbst für Botaniker ist das Nebeneinander von kalkliebenden und kalkmeidenden, sonnenhungrigen und den

Seit 1939 ist die Wutachschlucht Naturschutzgebiet. Bei der Dietfurtbrücke rieselt das Wasser malerisch über einen Tuffsteinfelsen

Schatten suchenden Arten auf engem Raum faszinierend. Die floristische Vielfalt ist einerseits den unterschiedlichen Böden geschuldet, andererseits der extremen Hangausrichtung der Schlucht — auf der linken Talseite der ausgeprägte Sonnenhang, gegenüberliegend der kühl-feuchte Schattenhang. Da den Pflanzen die Tiere folgen, ist auch die Fauna in der Wutachschlucht äußerst arten- und individuenreich.

Touristische Attraktion

Ist diese Naturidylle nun durch die 80 000 Besucher bedroht? Diese Frage stellten sich jüngst auch die Teilnehmer der vom Regierungspräsidium Freiburg initiierten *Ideenwerkstatt Zukunft Naturraum Wutachschlucht*. Ein Ergebnis war

43

zunächst, dass die unterschiedlichen Interessen- und Nutzergruppen keine unüberwindbaren Gegensätze oder unlösbare Konflikte sahen. Vor dem Hintergrund, dass besonders an den frühsommerlichen Massenwandertagen die Schlange der Wanderer nicht abreißt und die wenigen Rastplätze Rummelplätzen gleichen, war aber in der Tat die Frage naheliegend: Wie viele Besucher verträgt die Schlucht?

Konsens bestand darin, dass das Verhalten der Besucher relevant sei, weniger deren absolute Zahl. Auf dem Wanderpfad nämlich verteilten sich viele Menschen, und ein Verlassen dieser Linie sei naturbedingt ohnehin kaum möglich. Wenn nicht weitere Wege geöffnet und bisher noch unberührte Bereiche erschlossen werden würden, hielten sich die Störungen durch Wanderer in Grenzen. Sogar das Müllaufkommen – die Ortsgruppe Bonndorf des Schwarzwaldvereins sammelt alljährlich die Abfälle – ist rückläufig.

Seit 1939 ist die ganze Wutachschlucht Naturschutzgebiet. Hermann Schurhammer war einst Vorsitzender der Ortsgruppe Bonndorf des Schwarzwaldvereins und tief betroffen von den Kahlschlägen privater Waldbesitzer. Dieses Initialerlebnis ließ den „alemannischen Dickschädel" seit 1925 zäh, zielstrebig und schließlich erfolgreich für die Ausweisung der Schlucht als Naturschutzgebiet kämpfen. Einer zweiten Persönlichkeit haben wir es zu verdanken, dass uns die Wutachschlucht in ihrer Schönheit und ökologischen Vielfalt erhalten blieb: Fritz Hokenjos. Ungeachtet des höchsten naturschutzrechtlichen Schutzes wollte die Schluchseewerk AG nach dem Krieg unterhalb der Haslachmündung eine 62 Meter hohe Staumauer in die Schlucht zwängen und das Wasser zur Energiegewinnung nutzen. Fritz Hockenjos, Forstamtsleiter, Naturschutzbeauftragter und späterer Präsident des Schwarzwaldvereins, kämpfte als Protagonist einer Bürgerinitiative *Hände weg von der Wutachschlucht* Mitte der 1950er Jahre erfolgreich gegen das Projekt.

Mondänes Kurbad Bad Boll

Wer nun glaubt, die unzugängliche Wutachschlucht sei einmal ein menschenleeres Naturparadies gewesen, der irrt. Schon im Mittelalter hat man das Gesicht der Schlucht durch Holzeinschläge und durch landwirtschaftliche Nutzung der Talwiesen verändert. Im 18. Jahrhundert trieb das Wasser des Wildflusses und seiner Nebenbäche eine Vielzahl von Getreide-, Gips- und Sägemühlen an, eine Fischzuchtanstalt gab es, ein Kraftwerk, und eine uralte Handelsstraße querte die Schlucht bei der Zollstation Dietfurt.

Und nicht zuletzt das legendäre Bad Boll zog das Publikum in Scharen an. Eine heilende Schwefelquelle war seit dem Mittelalter bekannt. Mitte des 19. Jahrhunderts wurden ein Bad- und ein Kurhaus gebaut, und die kleine Sommerfrische mauserte sich schließlich zu einem mondänen Kurbad. Nachdem die Engländer die Wutach als ein exzellentes Forellengewässer entdeckt hatten, erwarb 1893 der *London Fishing Club Limited* das Bad, das in jener Zeit seinen Höhepunkt erlebte. Die Gästelisten weisen klangvolle Namen, nicht nur aus England, auf: Gräfin d'Alincourt aus Paris, Madame Schatzkin aus St. Petersburg oder Admiral Fischer aus Portsmouth, um nur wenige zu nennen. Der Erste Weltkrieg kam, die Gäste blieben aus, und mit Bad Boll ging es bergab: Häufiger Besitzerwechsel, ein Brand, der 1975 das Kurhaus vernichtete und

Die rote Pestwurz ist die Charakterpflanze entlang der Wutach

schließlich 1992/93 der Abbruch der verbliebenen, maroden Gebäude durch das Land, das Bad Boll unter Ausübung des Vorkaufsrechts erworben hatte. Derzeit erinnert nur noch die Kapelle an das Kurbad in der Wutachschlucht, aber die staatliche Vermögensverwaltung hat bereits für dieses Gebäude den Abbruchantrag gestellt.

1903/1904 erschloss der Schwarzwaldverein die Wutachschlucht für Wanderer. Vier baugleiche Metallstege führten über die Wutach

Schwarzwaldverein erschließt die Schlucht

Die Engländer waren es auch, die 1895 einen ersten Versuch gewagt hatten, die Schlucht von Bad Boll bis zur Wutachmühle zu erschließen. Sie scheiterten an den widrigen Bedingungen. Da packte die Ortsgruppe Bonndorf die Sache an. Im Auftrag des Schwarzwaldvereins konzipierte der beim Eisenbahnbau tätige Ingenieur Karl Rümmele die Erschließung durch einen Wanderweg und beaufsichtigte 1903/04 Scharen italienischer Bauarbeiter, die hoch über dem Fluss den Steig in den Muschelkalk sprengten und die Pfeiler der vier Stege mauerten.

Der Schwarzwaldverein indes ahnte noch nicht, welche Hypothek er sich mit dem Pfad – 1905 Ludwig-Neumann-Weg getauft – aufgehalst hatte. Die Finanzierung war zu stemmen, wobei die Ortsgruppen Bonndorf und Neustadt die Hauptlast trugen. Aber bald schon zeichnete sich ab, dass die Wegeunterhaltung eine Daueraufgabe bleiben würde. Bis auf den heutigen Tag leisten ehrenamtliche Helfer des Schwarzwaldvereins Frühjahr für Frühjahr die gleiche Sisyphusarbeit: Steinschläge abräumen und zerfetzte Seilsicherungen flicken, damit die Wutachschlucht auch in Zukunft ein lohnenswertes Ausflugsziel ist und Naturdenkmal bleibt.

Nähere Informationen
www.wutachschlucht.de
www.schluchtensteig.de

Kartenmaterial:
Wutachschlucht: Wanderkarte
des Schwarzwaldvereins 1:35 000
5,20 Euro.

Die Ortsgruppe Bonndorf des Schwarzwaldvereins nach einem Arbeitseinsatz

Neuer Schwung
für die Schwarzwaldlandschaft

Das geplante Biosphärengebiet im Südschwarzwald

Peter Lutz

In den 1960er Jahren hat die UNESCO, die unter anderem für den Naturschutz zuständig ist, die Idee entwickelt, dass es beim Schutz von Lebensräumen und Arten nicht ausreiche, den Menschen einfach auszuschließen. Vielmehr sei es sinnvoller, die Menschen eng in die Erhaltung einzubinden. Diese Idee mündete 1971 in ein bis heute laufendes Programm mit dem Titel *Man and Biosphere* (MAB). Seit damals entstanden auf der ganzen Welt mehrere hundert Biosphärenreservate, in denen genau das umgesetzt wird: Die ursprüngliche Natur und die traditionelle Kulturlandschaft, die der heimischen Bevölkerung als Lebensgrundlage dient, werden geschützt. Zudem werden moderne, der Region angepasste Entwicklungen angestoßen.

Weil es im südlichen Schwarzwald, im weiten Umkreis des Feldbergs, eine besondere, schützenswerte Kulturlandschaft gibt, entstand auch hier vor wenigen Jahren der Gedanke, ein Biosphärengebiet auszuweisen. Den fruchtbaren Boden für die Idee hatten zuvor große, inzwischen ausgelaufene Naturschutzprojekte bereitet, die sich vor allem mit dem drängendsten Problem des Schwarzwalds beschäftigten: der Offenhaltung der Landschaft. Seit langem kann man im Hochschwarzwald den Rückzug der Landwirtschaft beobachten, weil es die Landwirte wegen des ungünstigen Klimas, der großen Höhenun-

terschiede und – vielleicht noch entscheidender – der starken Besitzzersplitterung besonders schwer haben. Eine Erzeugung landwirtschaftlicher Produkte ist unter solchen Umständen heutzutage nicht mehr wirtschaftlich, Subventionen fangen solche Nachteile nur teilweise auf.

Darum brauchte die Südschwarzwälder Landschaft ein neues Konzept, um auch in Zukunft zu bestehen. Im Wiesental hatte sich bereits ein Naturschutzgroßprojekt des Bundes mit der Pflege besonderer Biotope, großflächige Magerweiden, Felsen, Blockhalden, beschäftigt. Im nahen Hotzenwald hatte sich ein *LIFE*-Projekt der EU um die Erhaltung von extensiven Viehweiden und die Regeneration

von Mooren gekümmert. Bei beiden wurde klar, dass die Erhaltung der Lebensräume ein viel zu eng gefasstes Ziel ist, um die Landschaft als Ganzes zu bewahren oder gar weiterzuentwickeln. Den Beteiligten war klar, dass der Ansatz für den Südschwarzwald umfassender, ganzheitlicher, nachhaltiger sein musste. Da passt die Idee des Biosphärengebiets ideal. Es genügt eben nicht, allein den Schutz von Biotopen zu betreiben; andererseits löst auch eine rein wirtschaftliche Entwicklung die Probleme im Schwarzwald nicht.

Ein Biosphärengebiet wird nicht als Schutzglocke einer Landschaft übergestülpt, sondern soll von den Bürgern der jeweiligen Region mitgeplant und getragen werden, ja ohne deren Engagement geht kaum etwas. Es geht darum, eine neue Beziehung zwischen Mensch und Natur zu begründen. Die Ideen zur Entwicklung der Region müssen aus der Bevölkerung kommen, die Behör-

Extensive Magerwiesen an Steilhängen im Schwarzwald, besiedelt durch wenige Höfe

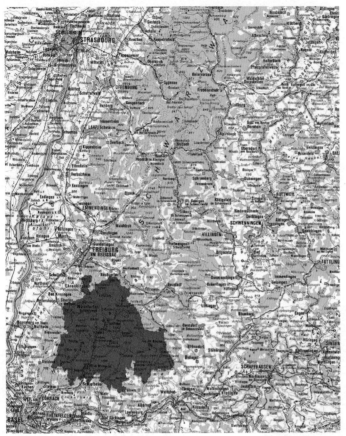

Die Lage des Biosphärengebiets im südlichen Schwarzwald

Der Südschwarzwald um Feldberg, Belchen und Schauinsland hat landschaftlich sehr viel zu bieten. Er wird geprägt von großen Allmendweiden, die seit alters her genossenschaftlich bewirtschaftet werden und auf die die Landwirte ihr Vieh, oft das im Wiesental heimische, kleinwüchsige Hinterwäldervieh, gemeinsam auftreiben. Die Flächen sind magere Flügelginster- oder Borstgrasweiden, die vom Naturschutz hoch geschätzt werden und sich bis in die Höhenlagen des Feldbergs von fast 1500 m ziehen. Hier wachsen mitunter große Weidbuchen, das sind ehrwürdige, ausladende und weithin sichtbare Bäume mit einer ganz eigentümlichen Entstehungsgeschichte. Die landschaftsprägenden Allmendweiden, im Schwarzwald auch Weidfelder genannt, sind die große Besonderheit und inhaltliche Klammer des geplanten Biosphärengebiets. Ein solches weltweit einmaliges Merkmal ist wichtig, denn die UNESCO macht dies zur Bedingung für ihre Anerkennung.

den leisten lediglich fachliche Hilfestellungen. Die Gemeinden im Südschwarzwald entscheiden selbst, ob sie sich beteiligen wollen. Viele von ihnen, die von den früheren Naturschutzprojekten profitierten, haben sich wegen der guten Erfahrungen zur Teilnahme entschlossen, sie treiben den Entstehungsprozess, der vom Regierungspräsidium in Freiburg mit einem Beauftragten begleitet wird, voran und versuchen, die noch Unentschlossenen vom Mitmachen zu überzeugen. Die Suchkulisse des Biosphärengebiets umfasst ca. 780 qkm, das sind etwa 10 % des Schwarzwaldes.

So präsentieren sich Schwarzwaldtäler dem Wanderer und Naturfreund

Die Dörfer in der Höhenlandschaft des Hotzenwalds haben ihren eigenen Charakter – hier ein Blick über den Ort Urberg auf dem Dachsberg

Die Vermarktung regionaler Produkte, die Weiterentwicklung des öffentlichen Personennahverkehrs, die Förderung einer landschaftsangepassten Architektur, vielfältige Kooperationen mit der Industrie und vieles andere ist denkbar. Das Biosphärengebiet wird für die Bevölkerung „Räume öffnen" und „Prozesse anstoßen", um neuen Schwung in die Landschaft zu bringen.

Nähere Informationen
www.rp-freiburg.de/servlet/PB/menu/1339277/index.html

Die Allmendweiden und weitere Biotoptypen wie Mähwiesen, Moore und bodensaure Buchenwälder umfassen ca. 23 % des Biosphärengebiets und sind in der „Pflegezone" erfasst. Sie wird extensiv bewirtschaftet, um den Artbestand und die landschaftsprägende Wirkung zu erhalten. 3% des Biosphärengebiets, die Kernflächen, dürfen sich ungestört entwickeln, hier hat die Natur Vorfahrt. Es sind bereits bestehende Bannwälder, in denen die Bewirtschaftung schon lange ruht, oder schwer zu nutzende, felsige Schluchtwälder, die sich nun frei entwickeln können.

Etwa drei Viertel des Biosphärengebiets bleiben „Entwicklungszone". Hier soll die Bevölkerung und die heimische Wirtschaft mit Unterstützung durch das Land, das Fördermittel in die Region fließen lassen wird, Konzepte für das nachhaltige Wirtschaften in der Region entwickeln und ausprobieren. Das geschieht zwar im Bereich Tourismus schon durch den Naturpark Süd-

schwarzwald, der das Biosphärengebiet anfangs als Konkurrenz sah. Nun kann diese Vernetzung aber verstärkt und „modellartig", unterstützt durch eine eigens eingerichtete Geschäftsstelle, die die Koordination der Projektpartner und der unmittelbar Betroffenen übernimmt, in Angriff genommen werden.

Schön ist's in den Wald zu geh'n

Schön ist's in den Wald zu geh'n
Wald zu geh'n Wald zu geh'n
schön ist's auf der Berge Höhn
wenn das Wetter schön
Am Samstagnacht ziehn die Waldbrüder
zum Schwarzwald wieder singen froh
Lieder, ob's regnet, ob der Mond scheint
nieder
das macht uns gar nichts aus
wir ziehn hinaus

Dem Wanderzeichen auf der Spur

Martina Steinmetz

Auf schmalen Pfaden unterwegs in der Natur, weitab vom Trubel großer Städte, erfüllt der Wegewart des Schwäbischen Albvereins seine Aufgabe, die Wanderwege für Jung und Alt, für geübte Wanderer und Wochenendausflügler instand zu halten. Er überprüft allein oder in Begleitung, bei Wind und Wetter, wann immer er dazu Zeit findet, die Qualität und die Beschilderung der Wege. In Schrittgeschwindigkeit geht es durch die Landschaft; auch Tiere und Pflanzen lassen sich dabei am Wegesrand beobachten.

Jeder Wegewart übernimmt die Verantwortung für einen kleinen Wegabschnitt des großen Wanderwegenetzes des Schwäbischen Albvereins. Zum Teil sind die Wanderwege des Schwäbischen Albvereins schon über 100 Jahre alt, mit ihren unterschiedlichen Wegmarken. Dahinter steckt ein ausgeklügeltes System aus einer Zeit, als die ersten Wanderwege entstanden sind und die Menschen das Wandern zum Vergnügen entdeckten. Hauptlinien dieses Wegenetzes sind der Schwäbische-Alb-Nordrand-Weg (HW 1), der Südrandweg (HW 2) sowie acht weitere Hauptwanderwege. Ergänzt werden diese durch mehrere Themenwege. Eingebettet sind diese in ein Netz regionaler Verbindungswege. Diese Wanderwege durchziehen die Landschaft von der Hohenloher Ebene über die Schwäbische Alb und Oberschwaben bis an den Bodensee.

Beim Schwäbischen Albverein kümmern sich rund 700 Ehrenamtliche um die Pflege und Betreuung dieser Wanderwege.

Gerhard Stolz ist einer von ihnen. Er betreut einen großen Bereich im Landkreis Reutlingen, „sein" Wegenetz erstreckt sich vom Albvorland bis hinauf auf die Höhen der Schwäbischen Alb.

Vielfältig sind die Tätigkeiten eines Wegewarts und auch manche Herausforderung will gemeistert werden: Denn heutzutage sind laut einer Studie des Deutschen Wanderverbands 46 % der Wanderer ohne Wanderkarte unterwegs und trotz moderner Satellitenortung wandern viele, die sich durch Markierungen führen lassen, bewusster durch die Landschaft. Wanderer sind daher an jeder Kreuzung auf eine sinnvolle und gute Markierung angewiesen, denn nur so finden sie sicher ihren Weg und laufen nicht in die Irre. Es gilt zu unterscheiden zwischen Wegzeigern und Wegmarken. Wegmarken kennzeichnen den Wegeverlauf, Wegzeiger erläutern, wie weit der nächste wichtige

Die Wanderer verlassen sich auf eine gute Wegmarkierung – oftmals sind sie ohne Wanderkarte unterwegs

Schwäbischer Albverein

Natur Heimat **Wandern**

**Europas größter Wanderverein
für Jung & Alt**
für alle Freunde von Natur, Heimat & Wandern
Infos unter www.schwaebischer-albverein.de

Schwäbischer Albverein • Hospitalstraße 21 b • 70174 Stuttgart
Telefon 07 11 / 2 25 85-0 • info@schwaebischer-albverein.de

Draußen in der Natur unterwegs auf „seinen" Wegen – Gerhard Stolz bei der Wegearbeit

Punkt, ein Dorf, eine Kirche oder ein Aussichtspunkt entfernt ist.

Die Wanderer können sich auf die Arbeit der Wegewarte verlassen. Denn diese Arbeit nehmen alle ernst, wissen sie doch um die Bedeutung der Markierungen. Gerhard Stolz betont, dass die Wanderwege „benutzerfreundlich" und „unzweifelhaft" markiert sein müssen. „Bei der Anbringung neuer Marken muss man sich als Ortskundiger in die Denkweise eines ortsunkundigen Wanderers hineinversetzen können".

Wenn Gerhard Stolz auf Kontrollgang geht, hat er einiges an Gepäck dabei: Hammer, Zange, Nägel, Schneidwerkzeug sowie eine Menge an unterschiedlichen Wegmarken. Die Anbringung von Wegmarken an Kreuzungen erfordert Fingerspitzengefühl. Wo kann das Zeichen angebracht werden, damit der Wanderer, der von der einen, wie auch von der anderen Seite kommen kann, dieses auch sieht. Eine Aufgabe, die Gerhard Stolz Freude bereitet. „Ich freue mich über die Dankbarkeit der Wanderer, wenn sie mich bei der Arbeit antreffen. Es ist schön, sich für andere einzubringen und ihnen zu ermöglichen, in unbekannten Gegenden zu wandern und jede Wanderung letztendlich zu einem Genuss werden zu lassen".

Die Wegearbeit beim Schwäbischen Albverein ist eine spannende Aufgabe. Jederzeit kann man in die Natur gehen und sich eigenverantwortlich um den Wanderweg kümmern. Wäre das nicht etwas für Sie?

Nähere Informationen

Schwäbischer Albverein, Hospitalstraße 21B, Stuttgart unter 0711 / 2 25 85 13 oder wegereferentin@schwaebischer-albverein.de

Über 23 000 km Wanderwege werden vom Schwäbischen Albverein ehrenamtlich gepflegt

Die Wegmarke des Hauptwanderweges 1 (HW 1)/Albsteig sowie des Burgenwegs

Geocaching – die moderne Schatzsuche für Jung und Alt

Julia Lärz

Das Verstecken des Caches am Ziel der digitalen „Schnitzeljagd"

Sind Ihnen beim Wandern schon einmal Menschen begegnet, die seltsam suchend durch die Gegend blicken? Die sich die unspektakuläre Wurzel eines Baumes oder einen ganz normalen Stein sehr genau anschauen? Die sich irgendwie merkwürdig verhalten, gerade so, als hätten sie etwas vor Ihnen zu verbergen? Versuchten diese Menschen auch noch ein handyartiges Gerät unter ihrer Kleidung zu verstecken?

Dann sind Ihnen bestimmt Geocacher begegnet, die gerade dabei sind, einen Cache zu suchen und diese Suche vor Ihnen als Muggel verheimlichen wollen.

Aber was ist eigentlich dieses Geocaching? Geocaching kann man als eine Art digitale Schatzsuche bezeichnen. Es geht darum, mit Hilfe eines GPS-Gerätes einen Schatz, den Cache, zu finden, der von irgendwem an einem bestimmten Ort ausgelegt wurde. Dieser irgendwer hat die Koordinaten seines Versteckes im Internet auf einer Homepage eingetragen, so dass der Sucher genau weiß, wo er

Die Ausrüstung fürs Geochaching: Karte, Kompass und ein Navigationsgerät

zu suchen hat. Geocaching ist ein Hobby, das weltweit immer größere Beliebtheit erfährt. Allein in Deutschland liegen über 300 000 solche Caches, weltweit sind es über 2 Millionen. Sie können sicher sein, dass Sie bei vielen Ihrer Wanderungen an einem Geocache vorbeigelaufen sind. Wahrscheinlich haben Sie auch schon einmal auf einer Bank Vesperpause gemacht, an der unten ein kleiner magnetischer Geocache befestigt war. Nur gesehen haben Sie ihn natürlich nicht. Sie kannten seine Koordinaten ja nicht. Ein Cache soll nämlich nur von dem gefunden werden, der ihn auch mit Hilfe der genauen Koordinaten sucht. Aus diesem Grund sucht ein Geocacher auch unauffällig. Er möchte dabei nicht von Unwissenden, sogenannten Muggels, gesehen werden. Caches gibt es in vielen verschiedenen Größen. Meistens sind es wasserdichte Behälter, die immer ein Logbuch enthalten. Hier trägt sich der ein, der den Cache gefunden hat. Manchmal sind auch kleine Gegenstände enthalten, die getauscht werden können. Wer einen Cache gesucht und gefunden hat, trägt sich also ins Logbuch ein, legt den Cache an genau dieselbe Stelle wieder zurück und trägt seinen Fund im Internet ein. So weiß der „Owner", der Besitzer des Caches, das alles in Ordnung und der Cache noch an Ort und Stelle ist und gesucht werden kann. Benötigt der Cache Wartung, ist er z.B. vom Regen feucht geworden, erfährt dies der „Owner" sofort und kann ihn trocken legen.

Viele Infos zum Geocaching findet man auf der Seite *www.geo¬caching.de*, die von der Deutschen Wanderjugend unterstützt wird. Wo Caches versteckt sind, findet man auf folgenden Seiten heraus: *www.opencaching.de* und *www.geo¬caching.com*.

Aber warum suchen immer mehr Familien, Jugendgruppen, Kinder- und Jugendfreizeiten und viele Privatpersonen beim Sonntagsspaziergang oder im Urlaub nach diesen Caches?

Eigentlich ist es das gleiche Prinzip wie bei der guten alten Schnitzeljagd.

Zum einen hat man ein Ziel, nämlich den Schatz zu finden und die Rätsel, die oftmals damit verbunden sind, zu knacken. Dadurch entsteht Ehrgeiz und Motivation. Dies ist ein großes Thema für Kinder und Jugendliche. Mit einem Ziel oder gar einer Belohnung wandert es sich oftmals einfach leichter. Das gilt aber nicht nur für die Jüngeren, auch bei Erwachsenen ist zu beobachten, wie motivierend es ist, von Rätsel zu Rätsel zu wandern und dem Ziel immer näher zu kommen.

Zum anderen gehören Geocaching und Wandern oder Unterwegs sein in der Natur einfach zusammen. Viele Geocaches erfordern es, dass man sich aufmacht, die Wanderstiefel anzieht, vielleicht noch den Rucksack packt und zu einer tollen Wandertour aufbricht, oftmals an Orte, die man vorher noch nicht gekannt hat. Der Owner möchte den Cachern nämlich häufig ein besonderes Fleckchen Erde zeigen. So kommt man in Täler, Wälder oder Flüsse in seiner nächsten Umgebung, an die man ohne die Koordinaten eines Caches nie gedacht hätte. Dabei spielt der Naturschutz nicht nur als Thema in manchen Rätseln eine große Rolle. Das Unterwegs sein macht bewusst, wie schön es draußen ist und sensibilisiert für das Schützen der Natur. Natürlich gelten für Geocacher dieselben Naturschutzregeln wie für Wanderer, die ohne GPS-Gerät unterwegs sind. Spannend ist, dass Geocaches nur ganz selten an Orten versteckt sind, wo es nichts Besonderes gibt. Häufig sind es historische, naturkundliche oder andere interessante Begebenheiten, die einen Owner dazu verleiten, Cacher an diesen Ort zu

führen. Wer ein bisschen sucht, findet auf den entsprechenden Websites perfekt ausgearbeitete Wandertouren, angefangen von einem kurzen Spaziergang, bis zu einer ganztägigen Rundtour überall auf der Welt inklusive Beschreibungen zur Besonderheit an diesem Ort, Wegbeschaffenheit, Zielgruppeneignung und Schwierigkeit der zu knackenden Rätsel. Was will man mehr? Geocachen motiviert also zum Wandern, zum sich Bewegen und einfach zum gemeinsam unterwegs zu sein. Besonders gut kann man das natürlich an Kindern und Jugendlichen sehen, die nicht immer begeistert sind, wenn es heißt, dass eine Wanderung ansteht. Wenn wir aber auf unseren Ferienfreizeiten ankündigen, dass es zum Geocachen geht, ist die Begeisterung groß. Sobald die Kinder und Jugendlichen ein GPS-Gerät in der Hand haben und ihre Aufgabe lesen, sind sie kaum zu bremsen. Oft schaut man nach einer Geocachingtour in ungläubige Gesichter, wenn man sagt, dass nun

Das Ziel der Suche: Der Schatz

eine 12 Kilometertour hinter ihnen liegt. Geocaching motiviert Kinder und Jugendliche, aber auch Erwachsene, hinaus in die Natur zu gehen, sie zu erleben, ja wandern neu zu entdecken und dies mit dem Interesse an Technik zu verbinden.

Vielleicht motiviert dieser Artikel auch Sie, einmal auf Schatzsuche zu gehen und bei der Wanderung den einen oder anderen Cache zu heben. GPS-Geräte kann man zum Beispiel auf der Jugend- und Familiengeschäftsstelle des Schwäbischen Albvereins in Stuttgart ausleihen. Viermal im Jahr wird hier auch ein Geocaching-Einsteigerkurs in Form eines Abendlehrganges angeboten. Dies ist der optimale Start in eine Cacher-Karriere, der sich für alle Natur- und Wanderbegeisterten wirklich lohnt.

Nähere Informationen
Wo Caches versteckt sind, findet man auf folgenden Seiten heraus:
www.geocaching.de
www.opencaching.de

Gemeinsam versucht man sich zu orientieren: Mit Karte und digitalem Kompass bespricht man den besten Weg zum Schatz

Der Grünspecht hat (noch) gut Lachen

Martin Klatt

Bei den vielen deprimierenden Botschaften zur Lage der Natur tut es gut, von einer Vogelart zu hören, deren Bestand sich in den letzten Jahren prächtig entwickelt hat. Gemeint ist der Grünspecht, der zur Brutzeit meist ab Anfang März vielerorts sein lautes Lachen hören lässt. Im Gegensatz zu unseren anderen Spechten zählt der Grünspecht nicht zu den „Trommlern", die im Frühjahr ihr Revier abgrenzen, um eine Partnerin zu gewinnen. Der Grünspecht vertraut mehr auf seinen lachenden Balzruf, der offensichtlich ansteckend ist, denn hier lachen Männchen und Weibchen gerne im Duett.

Dem etwa hähergroßen Vogel mit dem grünen Rücken, dem grauen Bauch und der auffallend roten Kopfkappe kommt zugute, dass er bei der Wahl seines Lebensraumes nicht kleinlich ist. Er besiedelt Streuobstwiesen, lichte Laubwälder, weiträumige Gärten, Parks und sogar Industriebrachen, sofern sie eines für ihn bereithalten: Ameisen – seine Leibspeise! Die sucht er am liebsten im Boden, wo er mit seinem Schnabel zunächst trichterförmige Löcher schlägt, um dann mit seiner sehr langen Zunge (bis zu 10 cm!) die Beute aus dem Nest zu angeln. Wegen dieses Verhaltens zählt man ihn zu den Erdspechten, wie seinen nahen Verwandten, den viel selteneren Grauspecht.

Neben einem guten Angebot an Ameisennestern braucht ein Specht natürlich noch die passenden Bäume, um darin seine Höhle zu zimmern, da macht der Grüne keine Ausnahme. Es kann bis zu einem Monat dauern, bis das Grünspechtpaar gemeinsam die Höhle fertig gebaut hat. Im April liegen dann bis zu acht weiße Eier auf dem Boden der Baumhöhle, ein gepolstertes Nest kennen die Spechte nicht. Nach einer Brutzeit von rund zwei Wochen füttern die Grün-

So sieht es aus – das Grünspecht-Männchen

spechteltern ihren Nachwuchs weitere drei bis vier Wochen, bevor die jungen Spechte das Baumhaus verlassen – von Anfang an mit grünem Rücken und roter Kappe aber noch im deutlich gefleckten Jugendkleid. Die jungen Grünspechte werden noch einige Wochen nach dem Ausfliegen versorgt. Dann verlassen sie die Eltern, um im nächsten Jahr selbst eine Familie zu gründen, möglichst in der Nähe ihres eigenen „Elternhauses". Nach dem Ende der Brutzeit trennen sich die Spechteltern wieder. Allerdings bleiben sich die Partner über mehrere Jahre treu und beginnen im Frühjahr wieder mit dem gemeinsamen Brutgeschäft. Mit rund 42 000 bis 76 000 Brutpaaren zählt der Grünspecht zu Deutschlands häufigen Vögeln. Auch in Baden-Württemberg müssen wir uns derzeit um die rund 10 000 Brutpaare keine Sorgen machen. Hoffen wir, dass das so bleibt!

Nähere Informationen
www.nabu-bw.de

Auf Nahrungssuche in morschem Holz

Zurück zur Langsamkeit

Auf Eseltour in Freudenstadt-Grüntal

Wolfgang Walker

Als Last- und Reittier in südlichen Ländern mit vier Buchstaben begegnet man ihm oft in Kreuzworträtseln, doch auch in natura ist er immer öfter bei uns anzutreffen, der Esel, ein grauer Vierbeiner mit großen Ohren, der gemeinhin als störrisch und schwer von Begriff gilt. Darüber können Karin und Andreas Harr in Freudenstadt-Grüntal nur lächeln und den Kopf schütteln. Seit rund sechs Jahren sind sie stolze Eselbesitzer und schätzen vor allem die Cleverness der Tiere. Die Harrs kommen beide aus der Landwirtschaft und hatten schon immer Tiere wie Hühner, Gänse oder Ziegen. Die Tierhaltung war und ist jedoch reines Hobby, schließlich führt Andreas Harr als selbstständiger Maler einen eigenen Betrieb. Deshalb konnte auch der Wunsch eines seiner Söhne nach einem Pferd nicht erfüllt werden. Das wäre einfach zu pflege- und zeitaufwändig gewesen. Ein Esel jedoch ist kleiner und ruhiger, dachte man, und so wurde aus dem Pferd die Eseldame Jule, die inzwischen zusammen mit den Töchtern Nelly und Moriah die kleine Eselfamilie der Harrs bildet. Eine Familienerweiterung kündigt sich bereits an. Nelly ist hochträchtig und auch Jule war kürzlich beim Eselhengst in Martinsmoos bei Altensteig zu Besuch, und das bringt meist Nachwuchs mit sich. Es dauert allerdings etwas, bis man es merkt, denn ein Esel hat eine Tragezeit von 11–13 Monaten. Moriah ist mit einem Jahr fast noch

ein Eselfohlen, was man an dem hellbraunen wuscheligen Fohlenfell sieht, das sie neben dem künftigen grauen noch trägt. Bald wird auch sie ganz grau sein mit dem typischen schwarzen Kreuz auf Rücken und Schultern. Über Esel wissen Karin und Andreas Harr inzwischen einiges zu erzählen. Sie haben unterschiedliche Charaktere, sind sehr gesellig und gelehrig. Mit viel Geduld kann man ihnen sogar so manches Kunststück beibringen. Allerdings machen sie nur etwas, wenn sie genau wissen, dass es keine Gefahr gibt. Das hat ihnen fälschlicherweise den Ruf eingebracht, stur und dumm zu sein. Dabei sind sie genau das Gegenteil, nämlich übervorsichtig. Sie lassen sich nicht einfach den Willen des Menschen aufzwingen. Man muss sie zwar erziehen, doch neue Erfahrungen machen sie nur sehr

So kennt man die Esel

zögernd. Bevor sie etwas vom Menschen lernen, lernen sie viel untereinander. Sie erziehen sich gegenseitig. Als Jule Moriah bekam, durfte Nelly die ersten zwei Tage nicht zu der Kleinen. Das war allein Sache der Mutter. Und als ein Jungtier schwer an Fohlenlähme erkrankte, versuchte es die Mutter erst geduldig durch Anstoßen zum Aufstehen zu animieren, als das nicht gelang, stellte sie sich über ihr Junges und streckte ihm die Zitzen zum Trinken entgegen. Leider überlebte das Kleine nicht. Seine Mutter trauerte daraufhin und rief nach ihm. Esel „iahen" übrigens nie ohne Grund. Sie tun es etwa zur Begrüßung, oder wenn sie sich einsam fühlen. Deshalb brauchen Esel immer Gesellschaft. Ihre Eselkenntnisse haben sich Karin und Andreas Harr aus Büchern und dem Internet angeeignet. Andreas Harr und sein Sohn, der einst statt einem Pferd einen Esel bekam, waren sogar zu einem Kurs bei einer Eselexpertin in Belgien. Dort haben sie unter anderem einiges über die Organisation und den Ablauf von

Eseltouren gelernt. Die bieten sie seit einem Jahr für Interessierte an. Egal, ob für Verliebte oder frisch vermählte Paare, für Familien, Firmenausflüge, Kindergeburtstage, Gruppen jeder Art, besonders gern auch für Menschen mit Behinderung, von 2–15 Personen, mit einem oder mehreren Eseln, all das ist möglich. Die Preise sind sehr moderat, damit sich jeder eine solche Tour leisten kann. Wenn gewünscht, wird ein Picknick für unterwegs bereitgestellt, man kann das Vesper aber auch selbst mitbringen. Im Mittelpunkt einer solchen Wanderung, die eine Stunde und je nach Wunsch und Kondition auch vier Stunden oder einen ganzen Tag dauern kann, steht die Nähe zur Natur. Das erfährt man eindrücklich, wenn man als neugieriger Beobachter dabei sein darf. Da hat sich eine kleine Gruppe aus Kindern und Erwachsenen erwartungsvoll in Freudenstadt-Grüntal eingefunden. Karin und Andreas Harr, einer ihrer Söhne und sein Kumpel, beide zur Feier des Tages in Lederhose und Trachtenhemd, und natür-

Auf Eseltour mit Ziege – Impressionen aus dem Schwarzwald

lich die Esel stehen bereit. Nelly trägt einen Packsattel mit einer Holzkiste und zwei Körben rechts und links, gefüllt mit leckerem Vesperproviant. Zwei Ziegen, Leni und Bruno, verstärken das Eseltrio. Andreas Harr, in Jeans, Holzfällerhemd und Cowboyhut begrüßt seine Gäste zu einer „Zeitreise ins 19. Jahrhundert", als alles noch etwas langsamer ging. Er mahnt, sich nicht von hinten den Eseln zu

nähern, da sie wie Pferde austreten könnten. Er empfiehlt, die Tiere beim Führen kurz zu nehmen, da sie an jeder Ecke Leckerbissen finden und vor lauter Naschen das Laufen vergessen. Moriah, das halbstarke Eselmädchen, knabbert gleich mal die appetitlich grüne Jacke einer Dame an. Dann genießt sie ihre Freiheit und hüpft in jugendlichem Übermut im Gras herum. Doch wer zuerst nicht weiter will, ist kein Esel, wie man erwarten könnte, sondern der Ziegenbock Bruno. Der „zickt", wie eine Tourteilnehmerin feststellt. Der bockige Bruno wird daraufhin gegen den folgsameren Franzl ausgetauscht. Der Weg führt von Grüntal hinauf durch kniehohe naturbelassene Blumenwiesen an einem Kornfeld vorbei. Der Blick schweift über weite offene sanfte Höhen auf Wittlensweiler, Frutenhof und Musbach. Auf einem Eisenbahnviadukt fährt eine gelbe S-Bahn, die Freudenstadt mit Karlsruhe verbindet, die Esel geben das Tempo vor, d. h. sie stehen gerade mal wieder. Einer frisst genüsslich gelbe Blüten, ein

Ein Esel versteckt sich im hohen Gras, doch trotzdem sieht man ihn

Beim Rasten schmeckt ein Vesper gut

Kind sitzt daneben und pflückt sie. Die Wandergruppe genießt die Ruhe und Entschleunigung, man kommt ins Gespräch. Eine Dame hat ein Körbchen dabei, sammelt darin weiße Taubnesseln und roten Klee. Sie macht gerade einen Wild- und Heilkräuterkurs, erzählt sie. Andreas Harr weist schmunzelnd beim Marsch quer durch Wiesen und Felder darauf hin, dass die einen Wiesen seinem Bruder gehören, die anderen einem Bauern, mit dem er sich gut versteht, und dass manche verschwiegenen Plätze auf der Strecke sogar ein Geheimtipp des Ortsvorstehers sind. Die Esel lassen sich, Grünzeug schmatzend, das quer im Maul hängt, geduldig führen. Doch plötzlich kommt Bewegung in die Grauen. Moriah, die

Ungestüme, setzt zum gestreckten Eselsgalopp an und Nelly, die mit dem Proviant, querfeldein hinterher. Nelly, wohl erschrocken über ihren plötzlichen Temperamentsausbruch, bleibt bald wieder stehen. Moriah will nicht mehr mitspielen und trabt schon mal vor – nach Hause, wie sich später herausstellt. Nach diesem kurzen Intermezzo geht es wieder beschaulich weiter zum Rastplatz an einem Bach. Im Bachwasser werden die Hände stilgerecht mit Eselseife gewaschen. Dann werden Decken ausgebreitet, Vesperbrettchen, Besteck und die Gläser darauf verteilt, die Nellys Ausritt überlebt haben. Nach einem kurzen Gebet gibt es Schwarzwälder Schinkenspeck, leckeres knuspriges Bauernbrot, Apfelsaft und Zider, das ist leicht vergorener Apfelsaft, aus eigener Herstellung. Die Esel vespern etwas abseits unter Bäumen, die Ziegen knabbern, auf Zehenspitzen stehend, hoch über ihnen hängende Blättchen ab. Die Landpartie ist perfekt. Der Rückweg beginnt mit Verzögerung. Die Esel wollen par

tout nicht durchs seichte Bachwasser. Wasser, weiß Andreas Harr, ist ihnen grundsätzlich nicht geheuer. Da fehlt eben eine Eselsbrücke, kommentiert eine Tourteilnehmerin treffend. Doch mit Eselsgeduld und gutem Zureden geht es dann doch gemütlich zurück nach Grüntal, vorbei an einer Hütte, in der das Picknick bei Regen stattfindet. Jetzt dürfen der sechsjährige Joscha und der neunjährige Robin auf den Eseln reiten. Beide wiegen unter 30 Kilo, das ist Voraussetzung für einen Eselsritt. Der 13-jährige geistig behinderte Simeon ist mit seiner Mutter da. Sie hat wegen der Tour einen Ergotherapietermin abgesagt und freut sich, weil sie spürt, ihr Sohn hat Spaß, nimmt vieles wahr und etwas mit von der Tour. Zu Hause begrüßt Moriah lautstark und freudig die Gruppe, gibt sich ausgesprochen schmusig und zeigt jedem, als hätte sie ein schlechtes Gewissen, wie lieb sie ihn hat. Bei Kaffee und selbstgemachtem Kuchen vor dem Backhäuschen der Familie Harr klingt die Eseltour in der Abendsonne stimmungsvoll aus.

Nähere Informationen
www.esel-tour-nordschwarzwald.de

Der Esel frisst, das Kind pflückt Blumen

Das Pfrunger-Burgweiler Ried

Zweitgrößtes Moorgebiet Südwestdeutschlands

Ann-Kathrin Wenzler und Bernd Reißmüller

Ein Robustrind auf der Weide

An der Schnittstelle der Landkreise Ravensburg und Sigmaringen ist das Pfrunger-Burgweiler Ried mit 2600 ha das zweitgrößte Moorgebiet Südwestdeutschlands. Umgeben von den Gemeinden Ostrach, Wilhelmsdorf, Riedhausen und Königseggwald fügt es sich in die voralpine Hügellandschaft Oberschwabens ein. Dort wird momentan eines der 21 Naturschutzgroßprojekte in Deutschland umgesetzt – das Naturschutzgroßprojekt Pfrunger-Burgweiler Ried.

Beginnend mit der Siedlung der Pietisten in Wilhelmsdorf wollte man ab 1824 dem kargen Moorboden dort eine bessere Ernte entlocken. Zunächst wurde das Moorgebiet entwässert, um es urbar und somit landwirtschaftlich nutzbar zu machen. Diese Entwicklung begann mit dem bäuerlichen Torfstich, um den Torf zur Wärmegewinnung oder als Stalleinstreu zu nutzen. Danach wurde bis 1996 industriell Torf abgebaut, früher unter anderem für den Betrieb der Südbahn und später hauptsächlich für die Gewinnung von Gartenerde. Durch diese Entwicklungen wurden der Moorkörper und dessen ursprüngliche Funktion geschädigt.

Der damalige Geschäftsführer des Schwäbischen Heimatbundes e.V., Dieter Dziellak, rief im Rahmen seiner Tätigkeit im Jahr 1994 das Naturschutzzentrum Pfrunger-Burgweiler Ried ins Leben. Schon viel früher hatte Lothar Zier die Schutzwürdigkeit und Besonderheit des Moorgebiets entdeckt. In Dieter Dziellak verfestigte sich die Idee, dieses zu renaturieren, um ein intaktes Moor-Ökosystem zu erhalten. Damit sprach er bei den Bürgermeistern der umliegenden Gemeinden vor und schaffte es schließlich, den Blick der Vertreter des Bundesamtes für Naturschutz auf das Pfrunger-Burgweiler Ried zu richten.

Diese Idee stieß beim Bund, beim Land Baden-Württemberg und insbesondere bei den Bürgermeistern der Riedgemeinden Ostrach, Wilhelmsdorf, Königseggwald und Riedhausen sowie bei den Landkreisen Sigmaringen und Ravensburg auf offene Ohren. Damit konnte die Stiftung Naturschutz Pfrunger-Burgweiler Ried im Jahr 2002 gegründet werden. Diese dient dazu, das Naturschutzgroßprojekt umzusetzen. Für den Zeitraum von 2002 bis 2015 wurden insgesamt 10 Millionen Euro für das Projekt zur Verfügung gestellt. Dabei tragen der Bund 65 %, das Land 25 % und die Stifter (Gemeinden Ostrach, Wilhelmsdorf, Königseggwald, Riedhausen, Landkreise Sigmaringen und Ravensburg, Schwäbischer Heimatbund e. V.) 10 % der Projektsumme.

In der ersten Projektphase wurde der Pflege- und Entwicklungsplan erarbeitet, in dem das Pfrunger-Burgweiler Ried in Teilgebiete untergliedert wurde, denen dann Maßnahmen zur Sanierung des Wasserhaushalts und zur Pflege der Flächen zugeordnet wurden. Nachdem der Pflege und Entwicklungsplan genehmigt wurde, begann die Phase 2 des Projekts, die sogenannte Maßnahmenumsetzung.

Ein verschlungener Weg führt durch das Pfrunger-Burgweiler Ried

Das Ried bietet auch Nutztieren ein Zuhause

Torfmoose wachsen nach Renaturierung wieder auf

Wegweiser zeigen den richtigen Weg durchs Moor

Dazu war zunächst der Erwerb von Flächen im Pfrunger- Burgweiler Ried notwendig, da Maßnahmen nur auf Flächen der öffentlichen Hand umgesetzt werden dürfen. Bis 2013 konnten 333 ha Fläche für das Naturschutzgroßprojekt erworben werden. Damit konnten die folgenden vier Teilbereiche des Pfrunger-Burgweiler Rieds bereits renaturiert werden: die Hochmoore „Tisch", „Großer Trauben" und „Eulenbruck-Süd", ebenso das Durchströmungsmoor „Obere Schnöden". Da das Naturschutzgroßprojekt zum 31. Dezember 2015 endet, wird im Winterhalbjahr 2014/15 noch das Teilgebiet „Untere Schnöden", ein ehemaliges Auenüberflutungsmoor, das direkt neben dem Fluss Ostrach liegt, renaturiert.

Sinn und Zweck der Renaturierung ist die Verminderung des Torfschwundes durch die Entwässerung und die damit verbundene Freisetzung von klimaschädlichen Gasen wie Kohlendioxid, Methan und Lachgas. Durch die Sanierung des Wasserhaushalts in den Teilgebieten wird das Torfwachstum um circa 1 mm pro Jahr wieder gefördert. Darüber hinaus dient die Renaturierung dem Hochwasserschutz, da die Niederschläge länger im Moor verbleiben und langsamer an die Vorfluter, beispielsweise an den Fluss Ostrach abgegeben werden. Somit steigen die Pegel nicht so rasant an, und es können Hochwasserspitzen vermieden werden.

Eine weitere wichtige Aufgabe ist die extensive Beweidung mit Robustrindern. Über das gesamte Gebiet verteilt befinden sich Beweidungseinheiten, unter anderem mit den Rassen Galloway, Belted

Moor erleben

im Naturschutzzentrum Wilhelmsdorf

Moor hautnah erleben: Das können Sie im neu eröffneten Natur-schutzzentrum Wilhelmsdorf. Wie entsteht ein Moor, wer sind seine „Bewohner"? Welche lokalen und globalen Zusammenhänge bestehen zwischen Moornutzung, Natur- und Umweltschutz? All dies wird spielerisch begreifbar – in der neuen Daueraustellung und auf verschlungenen Pfaden durch das Ried.

Ein unvergessliches Erlebnis für Kinder, Erwachsene und Familien!

Riedweg 3 – 5 | 88271 Wilhelmsdorf
Telefon 07503 739 | www.naturschutzzentrum-wilhelmsdorf.de

Öffnungszeiten:

Dienstag – Freitag .... 13:30 – 17:00 Uhr
Samstag, Sonn- und Feiertage .... 11:00 – 17:00 Uhr

In den Sommerferien an Wochenenden .... 10:00 – 18:00 Uhr

Weihnachten und Silvester/Neujahr geschlossen

SHB **SCHWÄBISCHER HEIMATBUND**
Naturschutzzentrum Wilhelmsdorf

GEMEINDE
WILHELMSDORF

Galloway, Scottish Highland, Heckrinder, Pinzgauer und Limousin. Diese pflegen die Weideflächen und halten sie offen. Durch die Struktur und Dynamik, die mit der Beweidung auf den Flächen entsteht, erhöht sich die Artenvielfalt, insbesondere im Bereich der Vögel und Insekten. Dies fördert die Ansiedlung von besonders geschützten und seltenen Tier- und Pflanzenarten, zum Beispiel von Schwarzstörchen, Kiebitzen, Bekassinen und Bibern. Die Landwirte, die sich am Beweidungsprojekt beteiligen, haben sich in der Vermarktungsinitiative „Genuss vom Pfrunger-Burgweiler Ried" zusammengeschlossen. Über diese Initiative vertreiben sie Fleisch- und Wurstwaren der Riedrinder auf regionaler Ebene.

Ausführliche Tafeln erklären dem Wanderer das Moor

Zum Naturschutzgroßprojekt gehört auch die Erstellung eines Besucherkonzepts mit vier Rundwander- und zwei Radrundtouren, die das gesamte Gebiet vernetzen. Die

Besucher des Pfrunger-Burgweiler Rieds sollen von dessen Entwicklung nicht ausgeschlossen werden, sondern diese hautnah miterleben können. Neben Führungen, die vom

Natur pur erleben

Naturschutzzentrum Wilhelmsdorf angeboten werden, informieren Schautafeln unter anderem über die Themen Moorrenaturierung, extensive Beweidung und die Nutzungsgeschichte. Zusätzlich besteht die Möglichkeit, auf den erstellten Beobachtungsplattformen Tiere zu beobachten. Sowohl Naturliebhaber als auch Fachleute erkunden das Pfrunger-Burgweiler Ried auf diesen Rundwegen im Einklang mit der Schutzwürdigkeit des Gebiets. Zum Pfrunger-Burgweiler Ried ist ein kostenloses Wanderfaltblatt erhältlich, das Sie beim Naturschutzzentrum Wilhelmsdorf oder den Touristinformationen der Gemeinden, ebenso wie auf der Homepage zum Download finden. Wir laden Sie sehr herzlich ein, das Gebiet auf eigene Faust zu erkunden und Ihr Wissen über das Moor zu vertiefen!

Nähere Informationen
Stiftung Naturschutz Pfrunger-Burgweiler Ried
Riedweg 3, 88271 Wilhelmsdorf
Telefon: 07503 / 91 65 41
Fax: 07503 / 91 65 45
info@riedstiftung.de
www.riedstiftung.de

SHB SCHWÄBISCHER HEIMATBUND
Kultur- und Studienreisen

Abseits der Routine

Das Reiseprogramm des Schwäbischen Heimatbundes

Heimatverbunden und weltoffen gibt sich das Reiseprogramm des Schwäbischen Heimatbundes. Denn die Fahrten des Vereins führen zunächst natürlich zu Zielen in Württemberg. Dabei werden – von Kennern geführt – Geschichte und Kunst, Natur, Volks- und Landeskunde unter oftmals überraschenden und neuen Aspekten erkundet. Zum Verständnis der Heimat gehört aber auch, die Fremde zu kennen und immer wieder „über den Tellerrand" hinauszublicken. Und so bilden Studienreisen in andere Länder, großenteils mit Bezug zu Württemberg und Schwaben, einen Teil des Programms. Schwerpunkte 2015 sind der „Schwäbische Wald" und das „evangelische Württemberg" sowie spannende historische Ausstellungen und neue Museen.

Informationen und Programm
Schwäbischer Heimatbund,
Weberstraße 2, 70182 Stuttgart,
Tel. 0711 / 23 94 20
reisen@schwaebischer-heimat¬
bund.de
www.schwaebischer-heimatbund.de

Macht Ziegenmilch extra schön?

Ein Besuch in der Seifensiederei Gundershofer Goisahof

Reinhold Fülle

Kleopatra, die sagenhafte Königin am Nil, soll ihre Schönheit in Eselsmilch-Bädern konserviert haben. Cindy Diesch schwört auf Ziegenmilch. Aber sie badet nicht darin, sondern macht Seifen und Naturkosmetik daraus. Man sieht ihr die Wirkung an den rosigen Wangen an.

Mit ihrem Ehemann Elmar (* 1966) zusammen lebt sie (* 1965) auf ihrem „Goisahof" (Ziegenhof) in Gundershofen. Das liegt im engen Tal der Schmiech, die hinterm Ort entspringt und später in die Donau mündet. Gundershofen gehört als Stadtteil zu Schelklingen im Alb-Donau-Kreis.

Aber in Wirklichkeit ist es ein Dorf. Fast darf man es noch zu den Lutherischen Bergen zählen, die sich zwischen der Münsinger Kuppenalb und Schelklingen als Kleinlandschaft behaupten. Aber nur fast. Denn in Wirklichkeit ist das Tal eine kleine Welt für sich: Aus dem engen Bachgrund steigen Wacholderwiesen zu beiden Seiten des Bächleins steil bergan.

Folglich geht es eng her für die kaum mehr als 100 Einwohner. Trotzdem war noch Platz für ein Wohnhaus samt Menagerie. Damals, vor gut 20 Jahren, als sich die beiden entschlossen, in Gundershofen heimisch zu werden.

Vor dem Wohnhaus empfängt die Border-Collie-Hündin Ronja ausgesprochen freundlich die Besucher. Ihre wahren Qualitäten lernen wir später kennen. Zur Menagerie gehören etliche robuste Duroc-Schweine, Scharen von Enten, Gänsen und Hühnern, ein Rind, ein Kälbchen und derzeit neun Katzen. Vor allem aber gehört eine Herde Anglo-Nubier-Ziegen dazu: mit 41 Muttertieren, 28 Zicklein und zwei Böcken. Sommers sind sie auf der Weide. Für die kalte Jahreszeit hat ihnen der Bauer einen offenen Stall neben das Wohnhaus hingestellt. Und genau diese Ziegenherde steuert das wichtigste Ausgangsprodukt für Cindys Naturseifen bei.

Nur einen Katzensprung vom Wohnhaus entfernt, hat sie im ausgedienten Pfarrhaus neben der Kirche ihre Werkstatt eingerichtet. Mit angeschlossenem Seifenlädle. Goisa-, will heißen Ziegenmilch, ist ein Hauptbestandteil ihrer Naturseifen.

Vor ihrem Leben als Seifenköchin war Cindy Hotelköchin. Wie ihr Ehemann auch. Wie aber kommt man von der Gastronomie zur Landwirtschaft und zur Naturkosmetik?

Es sei Liebe zum Land und zu den Tieren, sagen sie. Cindy ist Ulmerin, Ehemann Elmar stammt aus dem noch näheren Allmendingen. Sie haben die Dünste der Restaurantküche gegen heitere Landluft getauscht. Und sich dabei vordergründig eine Idylle eingehandelt. Aber Idylle allein ernährt den Menschen nicht. Im Goisahof und in allem, was an ihm dranhängt, steckt viel Arbeit. Dazu kommt, dass der Herr des Hauses lediglich Landwirt im Nebenerwerb ist.

Das ganze Jahr über schaffen die beiden unermüdlich. Die freilaufenden Hühner legen ihre Eier zwar meist an Stammplätzen, einsammeln muss man sie aber jeden Tag auf dem ganzen großen Gelände. Auch die Ziegen wollen gemolken werden. Und bei diesem Geschäft kommt nun der Hütehund ins Spiel.

Freilich stellt sich erstmal die Frage, wie überhaupt an ein Ziegeneuter heranzukommen ist. Eine Ziege ist schließlich keine Kuh, die Platz für einen Melkschemel unter ihrem Bauch bietet. Also muss die Ziege in die richtige Position. Und das geht mit einem Futteranreiz.

Sobald die Bäuerin das Gatter öffnet, drängen die Ziegen heraus. Eine nach der anderen hopst fast artistisch auf den Melkstand. Das ist eine Art Bierbank, an der vorne ein Futtereimer hängt.

Während sie da ihren Kopf hineinsteckt, wird ihr Euter gemolken. Danach muss die Ziege wieder in den Stall. Dass sie dies tut, dafür sorgt nun kläffend und kreisend die Hütehündin Ronja. Fast sieht es aus, als schubse sie die Ziege an ihren Platz zurück. Ausbüchsen jedenfalls ist nicht drin.

Und was also geschieht nun mit der Ziegenmilch? Die verwandelt sich bald darauf in Seife. Das ist die Arbeit der Ziegenbäuerin mit den rosigen Wangen. Früher habe sich ihre Haut wie ein Reibeisen angefühlt, behauptet sie. Ihr „g'schlacht's Bälgle", wie man im Schwäbischen immer noch einen feinen Teint nennt, würde demnach auf das Konto der Anglo-Nubier-Ziegen gehen. Die liefern Milch mit einem Fettgehalt von über fünf Prozent. Davon bleibt die Haut schön weich und trocknet nicht aus.

Wenn sie so erzählt, bekommt man den Eindruck, als ob Seifenherstellung kein Hexenwerk sei. Aber es gehören Erfahrung und Fingerspitzengefühl dazu. Und im vorliegenden Fall: Ziegenmilch!

Seife entsteht aus Fett und Öl unter Zugabe von Natronlauge. Früher hat man Schmalz, Talg oder Fett verflüssigt und mit Pottasche und Regenwasser vermischt. Im Prinzip ist das immer noch so. Der Begriff „Seifensieden" täuscht aber über den wahren Sachverhalt. Cindy Diesch stellt ihre Seifen im schonenden „Kaltverfahren" her. Sie erhitzt festes Fett bis es flüssig ist und vermischt es mit Öl. Das pulverförmige Natriumhydroxid (NaOH) löst sie in der Ziegenmilch auf. Dabei trägt sie Brille und Schutzhandschuhe, denn NaOH ist eine Lauge. Die reagiert stark alkalisch und verätzt die Haut. Hochprozentige Ziegenmilch statt Wasser bevorzugt sie, weil dadurch die Seife pflegend und rückfettend wird. Milch macht etwa ein Drittel der Melange aus. Mit einem Stabmixer verrührt sie die Zutaten, bis die Verseifung beginnt und daraus der Seifenleim entsteht. Das Ganze dauert kaum mehr als eine Stunde. Anschließend setzt Cindy dann Düfte, Essenzen und andere Zutaten zu. Entweder als Öl oder geraspelt: von Kürbis bis Lavendel. Von Heu bis Flieder. Von Lindenblüten bis Kokos oder Kaffee.

Danach gießt sie den Seifenleim in kleine Formen und lässt ihn darin zwei, drei Tage lang ruhen. Dann ist er fest und kann herausgenommen werden. Bis er sich Seife nennen darf, dauert es mindestens vier Wochen. Fast ist es wie bei einem guten Rotwein.

Die anglo-nubischen Ziegen liefern die zur Seifenproduktion benötigte Milch

Je länger er liegt, desto besser mundet er. Im Fall von Seife heißt das, je länger sie reift, desto länger hält sie im Verbrauch und umso besser schäumt sie später. Nur Kernseife, die Cindy aus grundsätzlichen Erwägungen im Sortiment hält, „siedet" sie tatsächlich im Heißverfahren. Das heißt, der Verseifungsprozess wird durch Hitze beschleunigt. Das „Sieden" geht dann solange vor sich, bis der Topfinhalt die Konsistenz von Honig annimmt. Die Trennung von Salzen, Wasser und Glyzerin dauert Tage. Am Ende lagert sich die geläuterte Kernseife unten ab. Glyzerin und Wasser schwimmen oben. Freilich macht Kernseife im Sortiment den geringsten Teil aus. Die meisten Produkte in Gundershofen werden nicht gesiedet, sondern erhitzt und gerührt. Manchmal auch geschüttelt.

Beim Besuch im Seifelädle tut einem die Wahl weh. Unter fast drei Dutzend Ziegenmilch-Naturseifen kann man da aussuchen.

Manche tragen Namen mit Regionalbezug wie Venus vom Hohlen Fels oder Biosphäre. Aus letzterer riecht man eine ganze Wacholderheide heraus. Mit geriebenen Albäpfeln darin, ist sie fast zum Anbeißen. Zwei Mal im Jahr geht es hoch her im engen Gundershofen. Um Ostern herum gibt es einen Frühlingsmarkt, an dem ökologisch orientierte Händler ihre Stände aufschlagen. Am letzten Sonntag im August wird die Kirchwiese erneut zum Festplatz. Samt Festzelt. Drumherum bieten Erzeuger ihr Selbstgemachtes feil. An solchen Tagen läuft Gundershofen sozusagen zur Hochform auf. Da bietet dann der Ort die stimmige Kulisse zu einem Kunst- und Handwerkermarkt der Region. Er hätte, wäre das Wort nicht abgegriffen, die Bezeichnung „Geheimtipp" verdient.

Der NaturErlebnisPfad Magstadt

Monica Wejwar

Wollen Sie einen Götterbaum sehen oder ein Wildbienenhaus? Wissen Sie, wie schnell das Holz im Wald wächst oder wie unterschiedlich schwer das Holz von z.B. Buche, Linde, Kirsche, Tanne, Fichte ist? Haben Sie auch manchmal das Gefühl, dass Sie nur wenige unserer einheimischen Pflanzen und Tiere kennen?

Dann ist der NaturErlebnisPfad Magstadt, den es seit Juni 2012 gibt, für die ganze Familie einen Ausflug wert. Schon 2009 wurde dieses Projekt mit dem Dachs als Logo von der Lokalen Agenda Magstadt angedacht und dann von vielen engagierten Mitgliedern, dem Revierförster Jochen Müller, dem Bauhof der Gemeinde und mit der finanziellen Unterstützung der örtlichen Wirtschaft zielstrebig realisiert, um die Natur der Region spannend erlebbar zu machen.

33 interessante Stationen warten auf ihre Entdeckung auf dem 5,3 km bzw. in der kürzeren Version 3,3 km langen Rundweg.

Hervorragend aufgearbeitete, übersichtliche Tafeln am Wegesrand informieren verständlich über alle Themen rund um den Wald.

Beginnend an der Steige sollte man zuerst einmal auf die Aussichtsplattform steigen und den schönen Blick über Magstadt und die Heckengäulandschaft genießen. Kinder werden gleich auf dem Barfußpfad den Wald mit allen Sinnen erfahren wollen.

Vom Jägerstand aus dürfen Kinder die im Wald versteckten Tiere suchen, die die Schüler der Johannes-Kepler-Gemeinschafts-

Das Naturdenkmal Schoeneichle

schule Magstadt als Holzstandbilder geschaffen haben.

Wer gut im Zählen ist, kann an den aufgestellten Baumscheiben das Alter der gefällten Bäume herausfinden. Immer wieder begegnen uns alte und abgestorbene Bäume, die Tieren und Pflanzen wertvollen Lebensraum bieten. Kinder werden gerne auf dem Slalom-Balancierstamm spielen und am Baumtelefon sehen, wie es früher auch ohne Smartphone ging!

Die Holzarten-Tafeln, an denen man die einzelnen Holzstücke verschiedener Baumarten aufklappen kann, um ins Innere zu sehen, lassen jeden seine Lieblingsholzart finden.

Eine äußerst beeindruckende Station ist neben der Kern-Saatschul-Hütte das von Förster Müller angelegte Arboretum, in welchem

alle „Bäume des Jahres" von 1989 bis heute gepflanzt sind.

Jetzt wird es vielleicht Zeit, sich auf der am Wegrand aufgestellten Baumliege zu erholen und faul in die Sonne zu blinzeln!

Im Weitergehen können wir staunend die auf den Feldern einer Gärtnerei im Auftrag der Firma Schoenenberger Pflanzensaftwerk

Totholzbaum – ein wichtiger Lebensort für Vögel und Insekten. Nur selten finden sich so schöne natürliche Holzskulpturen in unseren Wäldern

angebauten Heilkräuter erkunden, die zu gesunden und leckeren Säften verarbeitet werden. Der Lebensraum Streuobstwiese zeigt uns abschließend die traditionelle Form des Obstanbaus.

Hier bieten sich Plätze, um Ruhe zu finden, hier kann Natur durch Tun, Anfassen und Erspüren erlebt und erforscht werden – kostenlos und so wie es jeder für sich gut findet.

Nähere Informationen

www.magstadt.de
Anfahrt: von Stuttgart kommend über die L 1189; kurz vor dem Ortseingang Magstadt rechts abbiegen – Tafel mit Hinweis Erlebnispfad, dann ca. 400 m weiterfahren bis zum Wanderparkplatz.
Ansprechpartner: Christian Bemmann, Tel. 07159 / 4 16 84.

Kinder lernen durch Führungen den Wald ganz anders kennen

Es können auch Führungen vereinbart werden. Schön sind auch die *Rundwanderwege um Magstadt, z.B. zum Hölzersee.*

Gartenführerinnen – ein neues Angebot der LandFrauen

Beate Arman

Das Interesse am Gärtnern und an Gärten in der Bevölkerung wächst. Ebenso der Absatz von reich bebilderten Zeitschriften, die den ländlichen Raum und seine Gärten in seiner Vielfalt und Schönheit neu entdecken. So entstand die Idee, dass was in Land- und Gartenzeitschriften anzuschauen und zu lesen ist, mit Gartenführerinnen erlebbar zu machen. Mit einem vielseitigen touristischen Angebot und Bildungsangeboten soll das vermehrte Interesse am Garten genutzt werden, um Frauen im ländlichen Raum als Gartenführerin ein Einkommen zu ermöglichen. Mit dem Lehrgang zur Gartenführerin hat das Bildungs- und Sozialwerk des LandFrauenverbandes Württemberg-Baden e.V. bisher an vier verschiedenen Standorten Bäuerinnen und Frauen im ländlichen Raum die Möglichkeit eröffnet, sich zu qualifizieren und entsprechende Angebote zu entwickeln.

Teilgenommen haben Frauen mit einem eigenen Garten, den sie für Führungen oder Seminare öffnen oder Frauen, die in öffentlichen Gärten führen möchten. Es sind Frauen, die ihre Begeisterung und Leidenschaft für Gärten und fürs Gärtnern mit anderen teilen. Sie sind untereinander vernetzt, damit auch Lehrfahrten mit mehreren unterschiedlichen Gärten und Themen angeboten werden können. Dabei sind die Themen vielfältig. Sie reichen

- vom Nutzgarten bis zum Ziergarten,
- vom Bauerngarten bis zum Schlossgarten,
- vom Allgemeinen, wie dem biologischen Gartenbau, bis zum Speziellen, wie der Kultivierung von Hortensien,
- von historischen Themen, wie dem Anbau traditioneller Gemüsesorten oder der Geschichte der Rosenzucht, bis zu gestalterischen Themen, wie Töpferkunst im Garten,
- von Führungen für Erwachsene bis zu Workshops mit Kindern.

Dafür haben sich die Frauen vor dem Hintergrund ihrer mehrjährigen Erfahrungen in einer siebentägigen Qualifizierung weitergebildet. Sie umfasste fachliche Inhalte, wie den geschichtlichen Hintergrund und die Entwicklung von Gärten und öffentlichem Grün, einen Überblick über Gartentypen, Kräuter, Stauden und Gehölze im Garten, ökologische Aspekte des Lebensraums Garten sowie Gartenplanung und -gestaltung. Außerdem waren didaktische und rhetorische Aspekte und Übungen Bestandteil des Lehrgangs. In einem sechstägigen Coaching konnten die Teilnehmerinnen dann ihr eigenes, ganz spezielles Angebot als Gartenführerin entwickeln. Bei einer Probeführung zum Abschluss hatten sie Gelegenheit, mit professioneller Begleitung Erfahrungen als Gartenführerin zu sammeln. Die Qualifizierung und das Coaching werden im Rahmen des Förderprogramms „Innovative Maßnahmen im Ländlichen Raum" mit Mitteln des Landes Baden-Württemberg und der Europäischen Union gefördert. Bisher haben Kurse im Land-Frauen-Kreisverband Geislingen, Hohenlohe, Schwäbisch Hall und Crailsheim sowie Schwäbisch Gmünd stattgefunden. Davon haben sich 15 Gartenführerinnen zur

Den Garten als Ambiente für Kunstausstellungen zu nutzen, ist eine der Ideen von Silvia Mogck in Oberrot-Glashofen

Gästeführerin für die Landesgartenschau in Schwäbisch Gmünd weiterbilden lassen. Sie führen auch nach dem offiziellen Ende der Landesgartenschau über das weitgehend erhalten bleibende Gartenschaugelände.

Nähere Informationen

Genauere Informationen und Angebote bei folgenden Ansprechpartnerinnen oder unter *www. landfrauen-bw.de.*

Geislingen
Gerlinde Siegner, Gussenstadter Straße 16, 89558 Böhmenkirch-Steinenkirch
Telefon: 07332 / 58 12,
landfrauen-geislingen@albweb.de
Tanja Preßmar, Dorfstraße 44/1,
73312 Geislingen
Telefon: 07331 / 94 41 82,
tanja. pressmar@swp-net.de

Schwäbisch Hall und Hohenlohe
Renate Seemann, Goldbacher Straße 35, 74635 Beltersrot
Telefon: 07944 / 9 43 65 37
seemannrenate@gmx.de
Susanne Abelein, Schmalfelder Straße 19, 74572 Wiesenbach
Telefon: 07953 / 9 26 505
susanne.abelein@gmx.de
Karin Hieber, Haselklinge 23,
74594 Kressberg
Telefon: 07957 / 12 41,
lebensraum_krinhieber@gmx.de

Schwäbisch Gmünd, Gelände der Gartenschau
Touristik und Marketing GmbH Schwäbisch Gmünd
Telefon: 07171 / 6 03 42 90
fuehrungen@schwaebisch-¬
gmuend. de

Bildung
für Frauen
im ländlichen
Raum

Land Frauen
LandFrauenverband Württemberg-Baden e.V.
www.landfrauen-bw.de

Die neue Lust am Gärtnern: Urban Gardening

Bernd Elsäßer

Vor 50 Jahren, als ich noch ein kleiner Junge war, kauften die Leute bei uns in der Gärtnerei noch körbeweise Gemüse- und Blumensetzlinge. Damals bewegten Tradition und Sparsamkeit viele Menschen dazu, sich im Garten am Haus oder auf dem „Stückle" die Blumen und Gemüse für den Eigenbedarf selbst zu ziehen. Etwas später fand meine Generation das dann anstrengend, unwirtschaftlich und vor allem spießig, es wurde entweder zubetoniert oder zumindest Rasen eingesät. Inzwischen, nachdem wir alle voll digitalisiert und vernetzt sind und selbst die Haustiere zeitweise durch Tamagotchis ersetzt wurden, sehnen sich viele Menschen wieder nach einem Stückchen ehrlicher Natur. Aus dem „Kleingärtnern" von damals wird nun Urban Gardening. Viele Menschen beschäftigen sich wieder mit den Pflanzen. Und nachdem Michelle Obama im Garten des Weißen Hauses ein Gemüsebeet angelegt hat, ist diese Art der Freizeitbeschäftigung auch bei trendbewussten Yuppies und Hipstern angekommen. Man spricht in Gesellschaft neuerdings auch über gärtnerische Erfolge und Niederlagen. Klein- und Schrebergärten werden genauso begärtnert wie Balkon und Terasse. Die Beschäftigung mit der Erde und den Pflanzen kann schon teilweise meditative Züge annehmen. Wann nimmt man sich denn schon die Zeit, um über sich selbst und die Welt nachzudenken, außer beim Unkraut jäten oder hacken? Passend dazu hat inzwischen auch fast jeder Zeitschriftenverlag eine Gartenzeitung im Sortiment, die den Gärtnern die alten Tricks und Weisheiten sowie die neuesten Gartentrends verrät.

Für Familien bietet so ein Minigarten die Möglichkeit, dass sich Alt und Jung am gleichen Projekt engagieren. Die Kleinsten können den behutsamen Umgang mit den Pflanzen lernen und den Respekt davor. Aber auch einfache Dinge wie den Unterschied zwischen Dreck und Erde oder sich in Geduld zu üben. Omas lassen sich noch von quengelnden Kindern beeindrucken, aber das Radieschen schert sich nicht drum, es lehrt geduldig zu warten bis es wächst und groß ist.

Teilweise haben sich Pflanzenzüchter schon auf den neuen Trend eingestellt. Angeboten werden spezielle Samenmischungen, kleinwüchsige Gemüse wie Mini-Chili, Buschtomaten, sogenannte Naschgurken oder sogar verschiedene Apfelsorten, die selbst auf dem Balkon schon Früchte bringen. Passend zur Kochwelle im Fernsehen sind inzwischen auch eine unglaubliche Auswahl an heimischen und exotischen Gewürz- und Kräuterpflanzen zu haben. Diese lassen sich leicht auch auf dem Balkon kultivieren und frisch gepflückt sind sie auf jeden Fall schmackhafter als gekauft.

Zum Teil kann man die Pflanzen im guten alten Balkonkasten kultivieren. Daneben sind auch ausgefallenere Pflanzgefäße im Trend: Von der Industrie angebotene ausgeklügelte Stecksysteme aus Holz, Kunststoff und sogar Aluminium oder Dinge des Alltags, angefangen von Eimern über ausgebrauchte Einkaufstaschen, die man mit Erde füllt und aufhängt, bis hin zu bepflanzten Badewannen

Urban Gardening in der Joseph-Brandel-Anlage in Freiburg

und Paletten. Der Fantasie sind kaum Grenzen gesetzt.

Wichtig ist nur, dass der Behälter über eine Wasserabzugsmöglichkeit verfügt, damit keine Staunässe entsteht. Eine ganz einfache Methode, die sogar im Erwerbsgartenbau angewendet wird, ist die Kultur in Erdsäcken. Dabei wird ein normaler Erdesack flach auf den Boden gelegt, ein oder mehrere Löcher ausgeschnitten und die Pflanzen direkt hineingepflanzt.

Egal worin man kultiviert, man sollte darauf achten, dass die Erde nicht minderwertig ist.

Meist besteht das Pflanzsubstrat aus Torf, Kompost und häufig auch Rindenkompost oder sonstigen sogenannten Torf-Ersatzstoffen wie Kokosfaser, Reisspelzen oder Ähnlichem. Ein kleiner Anteil von Lehm sollte möglichst auch dabei sein. Wichtig ist aber immer, dass das Erdevolumen nicht zu knapp bemessen wird. Genügend Erde und damit Wasser und Nährstoffvorrat sind wichtige Voraussetzungen für einen Kulturerfolg. Neben etwas Geduld und Verständnis für die Pflanzen und die natürlichen Vorgänge beim Wachstum braucht es also nicht viel, um zumindest teilweise zum Selbstversorger zu werden.

Aber auch andere Bereiche werden unter Urban Gardening eingeordnet.

Da ist die Idee, dass man die Brachflächen, die in viele Städten nutzlos und ungepflegt sind, mit Blumen und wenn möglich, auch mit Gemüse bepflanzt. Häufig werden solche Gärten gemeinschaftlich genutzt, viele Menschen mit verschiedenen Erfahrungen und aus verschiedenen Kulturen bringen ihr Wissen ein. Teilweise werden diese Gärten als Aktionen ohne Genehmigung und häufig bei Nacht angelegt. Auch dafür gibt es einen netten Fachausdruck, das sogenannte Guerilla Gardening. Ich finde das eine sehr lustige und meist fantasievolle Art des Widerstandes gegen die Trostlosigkeit der Städte.

Weiter gibt es aber auch ernstzunehmende Überlegungen, die beträchtlichen Flächen auf flachen Hausdächern in den Großstädten zur Nahrungsmittelproduktion zu nutzen. In vielen Megacities ist es heute schon ein Problem, ausreichend frische Lebensmittel in die Zentren zu bringen. Teilweise wird schon an integrierten Systemen gearbeitet, bei welchen z.B. eine Fischzucht angegliedert ist, so dass Pflanzen und Nutztiere voneinander profitieren.

Städteplaner und Landschaftsarchitekten versuchen, mit ausgeklügelten Systemen trostlose graue Wände zu begrünen, um das Klima zu verbessern. Bewachsene Wände sehen nicht nur schön aus, die Pflanzen schlucken auch Lärm, Staub, Schadstoffe und verarbeiten das Kohlendioxid zu Sauerstoff. Nebenbei gleichen sie die Tempe-

Ein Beispiel urbanen Gärtnerns in Bielefeld

ratur aus und tun unserer Psyche gut.

Urban Gardening hat also viele Formen. Sicher ist es auch eine Art Modetrend, aber andererseits auch eine uralte Weisheit, die nur neu interpretiert wird und bei der wir alle nur gewinnen können.

Nähere Informationen

www.stadtacker.net
http://www.freiburg.de/pb/,Lde/¬233160.html
www.urbanstuttgarten.de/insel¬gruen.html

Der Sindelfinger Schwätzweiberbrunnen und die historische Marktbrunnenleitung

Alfred Hinderer

Sindelfingen liegt etwa 15 km südwestlich von Stuttgart. Die Stadt ist den meisten Menschen in erster Linie als eine bedeutende Industriestadt bekannt. Aber nur wenige Schritte vom Marktplatz entfernt kann man die historische Altstadt mit ihren engen Gassen, dem mächtigen Fachwerkrathaus und vielen schönen Fachwerkhäusern aus dem Spätmittelalter erleben, Teile der Stadtmauer sind noch erhalten. Im Jahr 2013, zum 750-jährigen Jubiläum der Stadtgründung im Jahr 1263, wurde Sindelfingen Mitglied der Deutschen Fachwerkstraße.

Zwei Jahrhunderte älter als die Stadt ist das ehemalige Chorherrenstift, das auf einer Anhöhe oberhalb der Stadt steht. Die romanische Martinskirche mit dem weithin sichtbaren Turm wurde bereits im Jahr 1083 geweiht. Von den Sindelfinger Chorherren wurde 1477 im Auftrag von Graf Eberhard III. und seiner Mutter Mechthild die Universität Tübingen gegründet. Im Stiftsbezirk sind noch die ehemalige geistliche Verwaltung und einige Chorherrenhäuser erhalten. Der *Stadtgeschichtliche Weg* führt die Besucher durch den Stiftsbezirk und die Stadt. Bronzetafeln an den einzelnen Gebäuden erzählen ihre Entstehungsgeschichte und die ihrer Erbauer.

Die Schwätzweiber

Eine der zahlreichen Sehenswürdigkeiten in der Stadt ist der *Schwätzweiberbrunnen*. 1927 stiftete Mina Zweigart, die Witwe des Firmengründers der bekannten Jacquard-Weberei *Zweigart & Sawitzki*, ein neues Standbild für den Marktbrunnen. Frau Zweigart war eine große Mäzenin und wurde schließlich für ihren Einsatz Ehrenbürgerin von Sindelfingen.

Das Brunnenstandbild wurde von Prof. Josef Zeitler aus Stuttgart entworfen und vom Sindelfinger Steinmetz Robert Friedrich Schäfer ausgeführt. Auf der Brunnensäule stehen zwei Frauen. Eine Katze schmiegt sich schnurrend an die beiden. Die linke Frau hat eine gemusterte Schürze umgebunden und trägt ein Kopftuch, das vorne geknotet ist. Sie hört der anderen Frau verschmitzt lächelnd zu. Diese hat ebenfalls eine Schürze umgebunden. Sie ist etwas größer und hager und hat ihre Haare zu einem strengen Knoten zusammengebunden. Über dem linken Arm trägt sie einen Korb. Aus ihm schaut ein Hahn heraus, den sie eben auf dem Markt gekauft hat. Damit er ihr nicht entkommen kann, hält sie ihn an den Schwanzfedern fest. Sie sagt der anderen Frau ins Ohr: „*O dass Gott erbarm' denk dr no was saischt au do der zua*" (O dass Gott erbarm', denk dir nur, was sagst auch du dazu?)

Unterhalb der beiden Figuren befinden sich am Säulenschaft vier Köpfe, die die vier Temperamente symbolisieren, den Melancholiker, den Choleriker, den Sanguiniker und den Phlegmatiker (nach Klaus Philippscheck, „Kultur am Stift"). Zwischen den Köpfen stehen vier Sinnsprüche: „Denk u. tue dös gibt a Ruhe!" (Denke und tue, das gibt einem Ruhe) / „Isch oam alles gleich der wut et reich" (Ist einem alles gleich, der wird nicht reich) / „Eibildung u. Saus! dös isch a Graus!" (Einbildung und Verschwendung das ist ein Graus) / „Arbeit und lache! dös gibt a Sache" (Arbeiten und lachen! das gibt eine Sache). An der Rückseite zeigt sich ein Schild mit dem Sindelfinger Wappen, den württembergischen Hirschstangen mit einem Kreuz, darunter findet sich die Jahreszahl 1927 und daneben das Steinmetzzeichen Z.

Sindelfinger Bürgerstiftung

Die beiden Schwätzweiber stehen nicht nur in Stein gemeisselt auf der Brunnensäule, sondern sie treten als *s'Mariele und d'Kaddreene* – von den beiden Sindelfingerinnen Sabine Duffner und Gudrun Hornickel verkörpert – auch öffentlich auf und ernten für ihre netten, schwäbisch lokal-patrioti-

Der Schwätzweiberbrunnen heute

schen Späße immer großen Applaus.

Und als Karikatur in der Sindelfinger Zeitung flüstert das eine Schwätzweib dem anderen spöttische Kommentare über aktuelle Begebenheiten in der Stadt und übereinander ins Ohr. Z.B. sagt die eine: *Heut Mittag gang I uff dr Handwerker Märkt am Schaffhauser Platz*, antwortet die andere: *So isch recht. A bissle Schliff ond Politur ka au Dir überhaupt net schade.*

Der alte Marktbrunnen

Für die alten Sindelfinger ist der heutige Schwätzweiberbrunnen der ehemalige Marktbrunnen. 1263 wurde die Stadt durch den Pfalzgrafen Rudolf I. von Tübingen gegründet und danach Häuser, Hofstätten, Brunnen und Gassen planmäßig angelegt und die Stadtmauer erbaut. Entlang der Langen Gasse, die die Hauptachse der Stadt von Süden nach Norden bildet, gab es einen Straßenmarkt. Dieser hielt sich nicht lange, schließlich wurde der Platz mit einer Häuserzeile überbaut.

Ein neuer und größerer Markt fand ab 1526 außerhalb der Stadt zwischen dem Oberen Tor und dem Stiftsbezirk statt. 1450 gewährte Graf Ludwig I. von Württemberg der Stadt das Recht auf einen mittwöchigen Wochenmarkt sowie den Gorgonius-Jahrmarkt, der am 9. September stattfand. Hier errichtete man 1544 einen neuen Marktbrunnen mit dem Standbild des Herzogs Ulrich (reg. 1498–1550).

Das Becken wurde mehrere Meter tief in den Boden eingelassen, damit sich das Grundwasser darin sammeln konnte.

Als die Stadt und die beiden Vorstädte immer weiter wuchsen, reichte wohl auch dieser neue Brunnen für die Trinkwasserversorgung der Bevölkerung und des Viehs nicht mehr aus, denn wegen den hier anstehenden Lehmschichten war seine Ergiebigkeit vermutlich eher bescheiden.

Die Marktbrunnenleitung entsteht

Man entschloss sich deshalb, frisches Quellwasser heranzuführen. Man fand eine geeignete Quelle im Gewann Schellert im hinteren Sommerhofental und legte dort

Übersichtskarte der Sindelfinger Marktbrunnenleitung

Der Brunnen an seinem Standort vor der Kirche

eine Brunnenstube an. Ab 1558 wurde unter dem Bürgermeister Michel Würrichs eine Leitung aus *Teucheln* frostsicher gebaut. Teucheln sind Kiefernstämme von etwa 2 Metern Länge, die mit einem großen Teuchelbohrer längs ausgebohrt wurden, dann mit Blechmanschetten verbunden und die Verbindungsstellen mit Harz abgedichtet wurden.

Die Gesamtstrecke von der Brunnenstube bis zum Marktbrunnen betrug 3140 Meter bei einer Höhendifferenz von 14 Metern. Man hat vermutlich mehrere Jahre an der Leitung gebaut.

Brunnenstandbilder

Nach dem Ende des Dreißigjährigen Krieges wurde auch der Marktbrunnen wieder instand gesetzt. Dabei fiel das Standbild des Herzogs Ulrich herunter und zerbrach. An seiner Stelle wurde ein neues Standbild des Herzogs Eberhard III. (reg.

1628–1674) aufgerichtet. Es wurde von dem Bildhauer Jakob Eberhard Schwartz aus Stuttgart für 50 Gulden hergestellt und von dem Hofmaler Georg Niclaus List für 18 Gulden mit *gueten Ölfarben und thailß in Goldt zueilluminiert*. Es stand dort bis zum Jahr 1919.

Initiative von Wolfgang Schleh

1908 wurden die Teuchel durch Rohre aus Gusseisen ersetzt. Diese liegen noch heute in der Erde. Während der Neugestaltung des Sommerhofentals zur Landesgartenschau in Sindelfingen wurde die Rohrleitung bei Bauarbeiten teilweise unterbrochen, und man leitete das Quellwasser in den Sommerhofenbach. Danach geriet die Leitung in Vergessenheit.

Wolfgang Schleh (1938–2010), der viele Jahrzehnte lang Wanderführer, Heimatpfleger, Naturschutzwart und Wegewart im Schwarzwaldverein Sindelfingen war, fiel der dortige Wasseraustritt auf. Er erforschte die historischen Unterlagen über die Leitung und entwickelte die Idee, dieses kostenlose Quellwasser für die Brunnenschale im Rosengarten zu nutzen und damit die alte Marktbrunnenleitung wieder ins Gedächtnis zu rufen.

Von der bloßen Idee bis zur Realisierung war es dann noch ein langer und schwieriger Weg. Nach wiederholten Verstopfungen oder neuen Lecks entschloss man sich, in das Gussrohr auf 1280 Meter eine Kunststoffleitung einzuschieben. Die neue Leitung wurde ab 1999 in 2-jähriger Bauzeit vom Baurechtsamt, dem Regiebetrieb *Stadtgrün* und der Firma *Karl Walker* wiederhergestellt. Sie hat einen

geringeren Querschnitt als die alte gusseiserne, aber die Förderung reicht aus, um die Brunnenschale im Rosengarten zu versorgen und sogar teilweise noch die beiden Springbrunnen und den Teuchelbrunnen am Hauptweg. Insgesamt ist die Wasserleitung jetzt noch 2480 Metern lang. Der Schwätzweiberbrunnen wird heute mit Stadtwasser versorgt.

Mit der Erneuerung der historischen Marktbrunnenleitung wurde ein wichtiges Stück der Sindelfinger Geschichte und alter Handwerkskunst wieder erlebbar gemacht.

Wolfgang Schleh erhielt für diese und weitere Arbeiten den *Sonderpreis Kleindenkmale 2006* des Schwäbischen Heimatbundes und wurde von der Stadt Sindelfingen für seine kulturellen Verdienste geehrt.

(Der Autor Dr. Alfred Hinderer ist Heimatpfleger im Schwarzwaldverein Sindelfingen.)

Weitere Informationen

Tourist-info
Marktplatz 1
71063 Sindelfingen
Telefon: 07031 / 9 43 25,
Fax: 07031 / 9 47 86
E-Mail: i-punkt@sindelfingen.de
www.sindelfingen.de
www.swv-sindelfingen.de

Die Waldenser – willkommene Migranten

Ralf Jandl

Im westlichen Württemberg, aber auch im Enzkreis, könnte man, wenn man ohne Vorkenntnisse ist, glauben, unvermittelt in Frankreich zu sein. Die Dörfer sind anders angelegt, tragen Ortsnamen wir Pinache, Perouse, Serres oder Groß-villars, und ihre Bewohner haben französisch klingende Namen wie Talmon, Baral, Soulier, Jourdan, Gille, Roux oder Piston, um nur einige zu nennen. Des Rätsels Lösung ist, dass es sich um Waldens-ergemeinden handelt, die dort, angeführt durch ihren tatkräftigen Pfarrer Henri Arnaud, 1699 eine neue Heimat im Herzogtum Württemberg fanden, nachdem sie aus dem Piemont vertrieben worden waren.

Der Name *Waldenser* geht zurück auf Petrus Waldes, einen reichen Kaufmann aus Lyon, der die lateinische Bibel 1174, die er selbst nicht lesen konnte, in die Volkssprache übersetzen ließ. Er gab sein Vermögen den Armen und begann öffentlich zu predigen. Wie später bei Martin Luther galt den Waldensern nur die Bibel als Autorität. Die „Armen von Lyon", wie sie sich nannten, lebten in Armut, lehnten den Eid und jede Form der Gewaltanwendung, auch durch die Obrigkeit, ab.

Der Konflikt mit der Amtskirche war dadurch unvermeidbar. Schon 1184 wurden sie als Ketzer verurteilt und im Laufe des 15. Jahrhunderts von der Inquisition verfolgt und auf wenige Gebiete in Frankreich und dem Piemont zurückgedrängt.

30 Jahre nach Waldes gab auch Franziskus von Assisi seinen Besitz den Armen und entschied sich für apostolische Armut. Für Waldes mussten die Wanderprediger in Armut leben, um das Evangelium glaubwürdig verkünden zu können. Für Franziskus waren Armut und Askese Werte an sich, zu denen Demut und Selbsterniedrigung traten, weshalb er auch zum bedingungslosen Gehorsam gegenüber dem Papst bereit war. Die Waldenser erkannten sich aber bei Franziskus nicht wieder, sondern erst bei Jan Hus, der die Papstkirche reformieren wollte und trotz Zusicherung freien Geleits durch König Sigismund 1415 durch das Konstanzer Konzil als Ketzer verbrannt wurde. Die Waldenser können sich durch die Orientierung an der Bibel allein zu Recht als „Mutter der Reformation" bezeichnen.

1689 kehrte ein Teil der Waldenser, die 1687 ausgewiesen worden waren, mit Waffengewalt in die vertrauten piemontesischen Täler zurück. Diese sogenannte „Glorreiche Rückkehr" hielt nicht lange vor. 1699 kam es zur endgültigen Vertreibung der Waldenser mit französischer Herkunft durch den Herzog von Piemont. Es begann der Exodus nach Württemberg und Hessen.

Die älteste erhaltene Waldenserkirche in Deutschland, die im Ortsteil Pinache, in Wiernsheim, steht

Das Licht leuchtet in der Finsternis – das Zeichen der Waldenser

Durch ihre Privilegien konnten sie kleine französischsprachige, reformierte Inseln innerhalb eines deutschen lutherischen Gebietes bilden, die sich selbst verwalten durften und von Frondiensten und Zunftzwang freigestellt waren. Da in Südhessen schlechte Böden zur Verfügung gestellt worden waren, zogen die meisten von dort weiter nach Württemberg.

Nach der von den Schweden verlorenen Schlacht von Nördlingen 1631 war Württemberg ungeschützt und vom Krieg verheert worden. Viele Gegenden waren entvölkert. In Schützingen im Stromberg überlebte ein einziger Bewohner den Dreißigjährigen Krieg. Auch der Pfälzische Erbfolgekrieg 1688–1697 hatte Württemberg schwer getroffen.

Parallel zu den Waldensern kamen auch Hugenotten aus dem Piemont nach Württemberg und wurden 1699 in Dürrmenz angesiedelt. Von dort aus entstanden Filialgemeinden in Corres, Sengach und Schönenberg.

Von Dürrmenz zogen einige Familien nach Wurmberg und gründeten dort eine eigene Siedlung mit Namen Lucerne. Ein dortiger Kaufmann soll den Waldensern die Kartoffel gebracht haben, die von der tollen Knolle so über-

zeugt waren, dass sie sie anbauten und schließlich in ganz Baden und Württemberg verbreiteten.

In Württemberg waren die Waldenser hoch willkommen, denn die Waldenser brachten neue Technologie, insbesondere aus der Weberei mit, die in Frankreich gerade entwickelt worden war. Außerdem waren die Waldenser bekannt für ihr hohes Arbeitsethos, das sich aus der Religion speiste.

Die württembergischen Landesherren protegierten daher die Waldenser, in dem sie ihnen freie Religionsausübung und Schutz vor Diskriminierung zusagten, und profitierten erheblich von waldensischem Können und ihrem wirtschaftlichen Know-how.

Heute zählen die Waldenser noch rund 100 000 Mitglieder, die meisten davon in Italien. In Deutschland jedoch wurden die Waldenser in den 1830er Jahren in die verschiedenen evangelischen Landeskirchen eingegliedert.

Ein heute sehr wichtiges Zentrum der Waldenser in Deutschland stellt Oetisheim-Schönenberg

Der Waldenserpfarrer Henri Arnaud – der in Dürrmenz und Oetisheim-Schönenberg Pfarrer war

mit seinem Waldenser-Museum dar. Wer nicht mit dem Auto nach Nordbaden reisen möchte, kann auch auf den Pfaden des Waldenserweges wandern, der an den wichtigsten Städten und Orten der Waldensergeschichte vorbeiführt.

Das ehemalige Wohnhaus Henri Arnauds in Oetisheim-Schönenberg, das heute als Waldensermuseum dient

Das Val Chisone, eines von drei Waldensertälern in den Alpen

Auf 1800 km kann man dem Waldenserweg von den französischen Alpen, der Fluchtroute der Waldenser aus Frankreich, über die Schweiz mit ihren Waldensertälern, durch Süddeutschland bis nach Bad Karlshafen folgen, dem Standort des deutschen Hugenottenmuseums.

Wer diesem Pfad folgt, gelangt auch nach Oetisheim-Schönenberg, dem Standort des sehenswerten, modern eingerichteten Waldenser-Museums im Henri-Arnaud-Haus. Es zeigt viele interessante Gegenstände und Ausstellungsstücke zur Geschichte der Waldenserbewegung. Das Museum beherbergt eine eigene Waldenserbibliothek mit über 3000 Bänden zur Geschichte der Waldenser.

Wer immer sich mit der Geschichte der Waldenser beschäftigen möchte, sei es mit der regionalen oder internationalen, kommt um einen Besuch in der wissenschaftlichen Bibliothek nicht herum. Falls man noch nicht weiß, ob das gesuchte Buch in der Waldenserbibliothek zu finden ist, lohnt ein Blick ins Internet. Die Bibliothek ist nämlich gut erschlossen und in den Bibliotheksverbund der Landeskirche integriert.

Seit 1939 ist das Museum die zentrale Erinnerungs- und Gedenkstätte der deutschen Waldenser, der historische Bezug ist mit der Namensgebung unterstrichen worden. In dem heute als Museum dienenden Gebäude wohnte Henri Arnaud während seiner Zeit als Pfarrer, das Museum ist die Brücke zwischen Vergangenheit und Gegenwart.

Das Haus selbst stammt von 1701, ist also selbst schon Teil der Geschichte. Das merkt man dem Gebäude zwar nicht auf den ersten Blick an, aber trotz Renovierungen gibt es am Haus immer wieder etwas zu tun. Gegenwärtig ist die größte Baustelle das Dach des Museums, das nun erneuert werden muss. Die für das neue Dach aufzubringende Summe muss der Verein der Waldenser aus eigener Kraft leisten. Zwar unterstützt die evangelisch-reformierte Landeskirche die Renovierung, um die benötigte viertel Million Euro zu stemmen, ist der Verein weiterhin auf Spenden angewiesen.

Ein Besuch im Museum lohnt also immer.

Nähere Informationen
www.waldenser.de

Ein Spaziergang durch die Weissenhofsiedlung Stuttgart

Die Weissenhofsiedlung entstand im Rahmen der Werkbundausstellung „Die Wohnung" 1927, die vom Deutschen Werkbund, einer Vereinigung von Architekten, Designern und Industriellen, mit Vertretern der Stadt Stuttgart initiiert worden war.

Die so entstandenen Häuser zeigen die zentralen Ideen des Neuen Bauens: die Durchdringung der Wohnräume, die Öffnung der Architektur nach außen, die radikale Verwendung neuer Werkstoffe und Baumethoden, Typisierung und Standardisierung und die Erprobung neuer Wohntypologien. Dies alles geschah mit dem Ziel, durch Architektur, Design und Kunst das Wohnen umfassend neu zu gestalten.

Zum künstlerischen Leiter der Ausstellung wurde der Berliner Architekt Mies van der Rohe bestimmt, der den Bebauungsplan erstellte und den beteiligten Architekten jeweils eine Parzelle zuteilte und festlegte, ob ein Einfamilienhaus, ein Doppelhaus, ein Reihen- oder Mehrfamilienhaus gebaut werden sollte. Strikte Vorgabe war, dass jeder Bau ein Flachdach besitzen sollte. „Wir kennen keine Form-, sondern nur Bauprobleme [...] Form als Ziel ist Formalismus und das lehnen wir ab", war die Devise von der Rohes.

Beginnen wir unseren Rundgang am Pankokweg.

Das Mehrfamilienhaus von Mies van der Rohe Am Weissenhof 14–20

Mit wandlungsfähigen Grundrissen wollte Mies van der Rohe Wohnungen für Menschen in allen Lebenslagen schaffen: für den Junggesellen, die alleinstehende berufstätige Frau, für Paare oder Familien mit Kindern. Im Erdgeschoss befand sich der einzige Laden der Siedlung.

Der Bau war abgeleitet aus den Prinzipien der Konstruktion – ein Stahlskelettbau mit Ziegelmauerwerk, das anschließend verputzt wurde. Für die Unterteilung der Wohnungen entwickelte Mies Trennwände aus Holz, die flexibel angebracht werden. Damit konnte man den unterschiedlichsten Bedürfnissen gerecht werden.

Reihenhäuser, Wohnblock, Einfamilienhäuser nach Wunsch

Wenn wir weitergehen, tauchen die lavendelblauen Reihenhäuser 24–28 des holländischen Architekten Mart Stam auf, an die sich am Ende der Straße das Terrassenhaus von Peter Behrens anschließt. Interessant an diesem Mehrfamilienhaus ist die Fassade, die auf vier Ebenen terrassenförmig angeordnet ist. Das untere Geschoss kann für das jeweils darüberliegende als Terrasse genutzt werden. Allen Bewohnern ist damit der Zugang zu Sonne und Licht möglich. Bei beiden Gebäuden fallen die Fensterlösungen auf: Behrens schafft mit einzelnen hochrechteckigen Fenstern eine klassische „Lochfassade", Mart Stam dagegen hat ein Fensterband geschaffen, das die Reihenhäuser horizontal miteinander verbindet.

Gegenüber dem Wohnblock von Behrens treffen wir auf den Friedrich-Ebert-Wohnhof des Architekten Karl Beer, der innerhalb des modernen Bauens eine verhaltenere Position einnimmt.

Im Hölzelweg 1 begeistert das Einfamilienhaus des Berliner Architekten Hans Scharoun. Er bricht die rechtwinklige Strenge seiner Kollegen auf und schließt die Stirnseiten

Der Lageplan der Stuttgarter Weissenhofsiedlung mit den (erhaltenen) Bauten der Architekten Mies van der Rohe, Mart Stam und Peter Behrens, Karl Beer, Hans Scharoun, Josef Frank, J.J.P. Ouds, Adolf G. Schneck, Le Corbusier und Victor Bourgeois

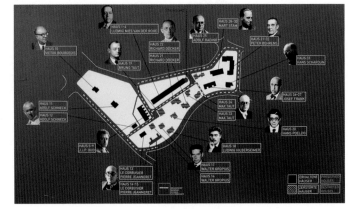

des Hauses jeweils mit einer gerundeten Fassade ab; die einläufige Treppe an der Eingangsseite ist ein weiteres gerundetes Element an der Außenfassade. Ein durchgängiges Farbkonzept verbindet Außen- und Innenraum miteinander. Die englischrot gestrichene untere Seite des Vordaches setzt sich an der Wohnzimmerdecke fort. Das Balkongeländer erinnert an die Reling eines Schiffes, und das seitliche Terrassenfenster besitzt die Form eines Bullauges – diese Schiffsmotive sind typische Mobilitätsmetaphern in der Architektur der 1920er-Jahre.

Das Doppelhaus in der Rathenaustraße 13–15 des Österreichers Josef Frank zeugt mit seinen quer- und hochformatigen Öffnungen, zum Teil mit Sprossen unterteilt, aber auch mit durchgängigen Glasflächen von dessen unkonventioneller radikaler Moderne, die auch zu Franks Zerwürfnis mit dem Werkbund führte.

Kriegsbedingte Zerstörungen
Rund um den Bruckmannweg 10 treffen wir auf Giebelhäuser aus

Mies van der Rohes Geschossbau in der Weissenhofsiedlung

den späten 1940er Jahren und Flachdachbauten aus den 1950er Jahren. Sie stehen an der Stelle von zehn Einfamilienhäusern, die durch Zerstörungen im Krieg und Abbrüche in der Nachkriegszeit verloren gingen. Erst 1958 gebot man dieser, nicht den Originalen entsprechenden Bauweise Einhalt. Besonders schwerwiegend war der Verlust der beiden Gropius-Bauten.

Totale funktionale Organisation des Alltags: die Reihenhäuser J.J.P. Ouds im Pankokweg 1–9
Die Zielgruppe dieser Häuser waren Arbeiter und einfache Angestellte. Mit nur 70 Quadratmetern Grundfläche waren sie knapp bemessen. Eng gestaltet war der Eingangsbereich. Das tägliche Leben war optimal baulich durchorganisiert. Einbauschränke nutzten jeden Winkel, der Abfalleimer konnte durch eine Klappe in der Außenwand vom Hof aus geleert werden. Ein Wäscheaufzug von der Waschküche zum Trockenboden ersparte der Hausfrau das Tragen der schweren, nassen Wäsche. Oud nahm Vorschläge der Stuttgarter Hausfrauenverbände auf und erhielt viel Lob für diese Erleichterungen bei der Hausarbeit.

Kostengünstige Grundrisse: Das Einfamilienhaus von Adolf G. Schneck
Schnecks Thema war die Suche nach gut organisierten, flexiblen und kostengünstigen Typengrundrissen nach dem Vorbild englischer Garten- und Arbeiterstädte.

Der Zweckbau des Niederländers Mart Stam

Futuristisch anmutender Bau von Peter Behrens

Die Höhepunkte der Weissenhofsiedlung: Einfamilien- und Doppelhaus von Le Corbusier

Le Corbusier hatte als radikaler Neuerer die ungewöhnlichsten Vorschläge für neue Wohn- und Lebensformen realisiert.

In seinem Einfamilienhaus im Bruckmannweg 2 realisierte er erstmals seinen Wohntyp *Citrohan* (in Anlehnung an die Automarke Citroën): ein über zwei Etagen durchgehender hoher Wohnraum, eine offene Galerie, mittlere und kleine Räume auf beiden Etagen im hinteren Hausteil. Die Haupträume ermöglichten ein offenes, großzügiges Wohnen und Arbeiten. Interessant die Farben, mit denen Le Corbusier seine architektonischen Ziele unterstützt.

Corbusiers Doppelhaus in der Rathenaustraße 1–3 ist sein gebautes Postulat der Moderne und Modell für seine „5 Punkte für die Neue Architektur": „Man nehme 1. die Pfosten, 2. die Dachgärten, 3. die freie Grundrissgestaltung, 4. das Langfenster, 5. die freie Fassadengestaltung und erhält dadurch eine fundamental neue Ästhetik'". Die größte Neuerung erreicht Corbusier mit seinem transformablen Wohnraum: Für die Nacht kann er durch Schiebewände in Schlafkabinen unterteilt werden. Stahlrohrbetten auf gerundeten Kufen verschwinden tagsüber in Einbauschränken und können für die Nacht leicht herausgezogen werden.

Zurückhaltende Moderne

Wir beenden unseren Rundgang mit einem Blick auf das Einfamilienhaus des belgischen Architekten Victor Bourgeois in der Friedrich-Ebert-Straße 118. Der Kubus ist durch einzelne gekurvte Formen akzentuiert, es zeigt einen vorsichtigen Umgang mit den modernen Architekturformen der Zeit.

Ein genussvoller Blick über Stuttgart

Besonders empfehlenswert ist jetzt zum Abschluss noch ein kurzer Spaziergang zum Höhenpark Killesberg, dessen 44 Hektar große Parkanlage einer der Lieblingsfreizeitplätze der Stuttgarter ist. Die heutige Gestalt geht auf den Entwurf des Berliner Landschaftsarchitekten Hermann Mattern für die Bundesgartenschau 1950 zurück. Bereits bei der Reichsgartenschau 1936 gewann der Park den Wettbe-

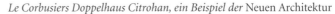

Le Corbusiers Doppelhaus Citrohan, ein Beispiel der Neuen Architektur

werb für die Freiraumgestaltung dieses Areals. Einige der Ausstellungsbauten aus rotem Sandstein, die 1939 von dem Bonatz-Schüler Gerhard Graubner mit Skulpturen versehen wurden, kann man noch an der Ostseite des Gartens entlang der Stresemannstraße sehen.

Mattern hatte seine Gestaltung auf die bereits vorhandenen Landschaftselemente aufgebaut, wodurch eine große Abwechslung geschaffen wurde: Auf kleine Wäldchen folgen Blumenrabatten, an Seen schließen sich Wiesen, Rasenflächen und Bachläufe an. Stauden, Sommerblumen und Gehölze sind in Beeten und im direkten Übergang zur Natur angeordnet. Der Steinbruch, ein Relikt aus der industriellen Nutzung des Killesbergs, bietet die Kulisse für ein Tal mit kleinem Teich, Blumenterrassen und Hausgarten.

Spektakulär ist der 2001 erbaute 31 Meter hohe Aussichtsturm. Schon von unten beeindruckt der zentrale Mast mit seinem aus 48 Spiralseilen „gewebten" Netz. Die Tragwerkselemente balancieren sich durch ein vorgespanntes Seilnetz aus. Es gibt vier Plattformen in Höhen von 8, 16, 24 und 31 Metern, die durch zwei um 180 Grad gegeneinander versetzt angeordnete Stahltreppen erschlossen werden. Dadurch kann man einen Ausblick über Stuttgart und einen großen Teil seiner Umgebung genießen. Ein wirklich zusätzliches spektakuläres Wahrzeichen für die Landeshauptstadt!

Der Killesbergturm bei Nacht

Nähere Informationen:
Weissenhof-Museum im Haus Le Corbusier, Rathenaustraße 1-3 70191 Stuttgart www.weissenhofmuseum.de; Tel. 0711 / 2 57 91 87. Öffnungszeiten Di.–Fr. 11–18 Uhr, Sa.–So. 10–18 Uhr

Gekürzte Fassung durch Monica Wejwar entnommen aus: Valérie Hammerbacher, Anja Krämer, Stuttgart. Architektur des 20. und 21. Jahrhunderts. 22 Stadtspaziergänge. G. Braun Verlag Karlsruhe 2013. ISBN 978-3-7650-8612-0

Die doppelte Osterfeier in Hohenlohe

Vor 270 Jahren kam es in der Grafschaft Hohenlohe zu heftigem Osterstreit

Ernst Wintergerst

Es gab einmal eine Zeit, da taten Sonne und Mond durchaus nicht mehr, was der Kalender von ihnen erwartete. Denn wenn dieser Jahrweiser beispielsweise Neumond vorschrieb, strahlte der Vollmond hell am Abendhimmel. Und wenn weiterhin laut Kalender Frühlingsanfang sein sollte, dann war die Sonne bereits längst über die Tagundnachtgleiche hinaus. Und die Sache mit dem Osterfest war bereits zum europäischen Gespött geworden, so dass Luther es drastisch als *Schuckelfest* bezeichnete.

In diesem Chaos der damaligen Zeitrechnung griff endlich Papst Gregor XIII. ein. Durch die sogenannte Kalenderbulle bestimmte er, dass die Tage vom 4. bis 15. Oktober des Jahres 1582 ausfallen sollten, so dass also durch diese Maßnahme zehn Tage gewonnen wurden, um auf diese Weise die in Unordnung geratene Zeitrechnung zu regulieren. Aber es fügte sich nur ein Teil der katholischen Welt dieser päpstlichen Anordnung, während die griechisch-katholischen und protestantischen Länder ihre bisherige Kalenderrechnung beibehielten.

Der Zwiespalt infolge des Kalenders alten und neuen Stils ging mitten durch Deutschland, ja sogar mitten durch Württemberg. Zu den heftigsten Gegnern des Reformkalenders gehörte Altwürttemberg, an seiner Spitze die Tübinger Theologische Fakultät, die damals unter dem Einfluss des Astronomen Michael Mästlin (1550–1631), Keplers Lehrer, stand. Mästlins Auffassung ging im Gegensatz zu Keplers Ansicht dahin, dass man die ganze Neuerung mit dem Gregorianischen Kalender gar nicht brauche, weil ja doch die Welt in den nächsten Jahren untergehe; dies sei allen geübten Bibellesern gewiss.

Die zwei verschiedenen Kalender in Deutschland hatten zur Folge, dass es zwei Mal Ostereier in einem Jahr gab. Die bekannte Ostersäule bei Lauterbach in Sachsen erinnert noch heute an die Zeit, in der zwei nebeneinander wohnende Religionsgemeinschaften jede auf ihre Art und unabhängig voneinander Ostern feierten. So liest man auf der Säule: 1584 IAR / DAS IST WAR / ZVENE OSTERN / IN EINEM IAR.

Auch in der Grafschaft Hohenlohe gab es vor 270 Jahren Ostern in doppelter Auflage. Die katholische Landesherrschaft verlangte nämlich im Frühjahr 1744 von ihren evangelischen Untertanen die Osterfeier nach dem im Gregorianischen Kalender angegebenen Datum (5. April) zu feiern und verbot ihnen, den 29. März, wie es der Julianische Kalender vorsah, als Termin zu nehmen.

Unter Androhung schwerster Strafen für Geistliche und Gläubige wurden am evangelischen Gründonnerstag und Karfreitag die Kirchen geschlossen und militärisch bewacht; gottesdienstliche Feiern

Papst Gregor XIII. setzte die nach ihm benannte Kalenderreform durch

an diesen Tagen waren untersagt. An Orten, an denen die evangelische Osterfeier trotzdem stattfand, wurde die Bevölkerung am 5. April zu einer zweiten Osterfeier gezwungen und am katholischen Ostermontag durch katholische Drago-

Die Ostersäule von Lauterbach/ Sachsen, die an einen Osterstreit 1584 erinnert. In Sindringen gibt es ein solches Denkmal nicht

Michael Mästlin, Professor in Tübingen sperrte sich gegen das neue Osterdatum

ner, die mit Peitschen und Stöcken ausgerüstet waren, von der Feldarbeit abgehalten. Pfarrer Yelin von Sindringen bei Öhringen, der sich wegen der obrigkeitlichen Weisung Bedenkzeit erbeten hatte, wurde seines Amtes enthoben, der Schultheiß Edelmann 47 Wochen in Bartenstein eingesperrt und dann des Landes verwiesen.

Dieser Osterstreit in Hohenlohe und die damit zusammenhängenden Religionswirren zogen die Aufmerksamkeit von ganz Deutschland auf sich. Sogar der Reichshofrat in Wien beschäftigte sich mit den Vorkommnissen. Er ordnete an, dass die entlassenen Pfarrer, Vikare und Schultheißen wieder in ihrem Amt bestätigt wurden. Das in Pfedelbach bei Öhringen neu eingerichtete Konsistorium wurde aufgehoben und mit dem gemeinsamen Konsistorium des Landes vereinigt. Aber erst, als man sich in Deutschland 1777 allgemein auf den Gregorianischen Kalender, der nun Reichskalender wurde, einigte, entfiel der

letzte Anlass zu diesem alljährlichen Osterstreit. Carl Weitbrecht, der frühere evangelische Pfarrer und spätere Professor an der Technischen Hochschule in Stuttgart – er starb am 10. Juni 1904 nach einem Leben, reich an literarischem und poetischem Schaffen –, nahm die erwähnten hohenlohischen Vorgänge zum Motiv für seine im Jahr 1885 erschienene vielbeachtete Erzählung *Der Kalenderstreit in Sindringen*.

Über den Ostertermin und seine Sprünge taucht indessen immer wieder die gleiche Frage auf: Warum ist Ostern ein bewegliches Fest ohne gleichbleibendes Datum? Nach einem Beschluß des Ersten Konzils in Nizäa im Jahr 325 soll Ostern am ersten Sonntag nach dem ersten Frühlingsvollmond gefeiert werden.

Wie ist es eigentlich gekommen, dass man das Osterfest mit

dem Vollmond in Beziehung gesetzt hat? Um dies zu verstehen, muss man etwas auf den Jüdischen Kalender eingehen. In ihm herrscht nicht das Sonnenjahr, sondern das Mondjahr, wie viele Kulturvölker es zuerst als Grundlage der Zeitrechnung verwendeten. Bei diesem beginnt jeder neue Monat mit dem Neumond oder, besser ausgedrückt, mit dem Neulicht. Das heißt mit dem ersten Erscheinen der schmalen, zunehmenden Mondsichel am Abendhimmel; den Vollmond setzte man dann auf den 14. Tag des Monats. Das jüdische Pessachfest sollte beim Vollmond des Frühlingsmonats Nisan gefeiert werden, sodass sein erster Festtag auf den 14. Nisan fiel. Nach der Bibel geschah die Auferstehung Jesu Christi am Sonntag nach dem Pessachfest, und dieser Umstand war von Bedeutung für die kirchliche Festsetzung der Osterfeier.

Wendrsonn – Folkrock mit Herz und Hirn

Helmut Pfitzer

Die ganze Band auf der Bühne – Zusammen ein Hörerlebnis

Der Name Wendrsonn ist Programm, denn wie die Wintersonne, so wärmt die originelle Musikalität dieser sechsköpfigen Folkrockformation jedem das Herz und fordert dabei das Hirn der Zuhörer. Wendrsonn zelebrieren auf ihren zahlreichen Konzerten im ganzen Land (und inzwischen auch darüber hinaus) eine abwechslungsreiche Mischung aus eingängigen Texten mit aktuellen Bezügen zu Land und Leuten, professionell-ansprechendem Sound und musikalisch-virtuosem Können, das alles natürlich in schönstem Schwäbisch.

Bei aller notwendigen Annäherung an den musikalischen Zeitgeist gehören zum Repertoire von *Wendrsonn* neben den aktuellen, rockigen Folkstücken auch neu interpretierte Volkslieder, die kleine Köstlichkeiten sind – sozusagen das Gsälz uffm Butterbrod. Die Auftritte der Band leben vom Charakter und vom Können der Bandmitglieder, von dem sich das selbstbewusst mundarttreue Publikum regelmäßig und gerne begeistern lässt.

Man kann *Wendrsonn* musikalisch ins Genre des Folkrocks einordnen, der seit den 1960er Jahren in Deutschland ein treues Publikum findet. Ausgehend von der „Volksmusik", verstanden als Musik, die in breiten Bevölkerungskreisen gehört und gemacht wird, wurden neue Arrangements mit klassischen, teils selten gespielten Instrumenten wie der Ukulele oder Quetsche kombiniert. Der Folkrock übernahm dann auch noch die elektrische Gitarre und das Schlagzeug, die Texte der Lieder werden in der eigenen Muttersprache verfasst, man spricht und singt also Schwäbisch – und das nun schon seit vielen Jahren.

Wer sind die Musiker hinter *Wendrsonn*? Da ist als Frontfrau Biggi Binder, die die Band mit ihrer kräftigen Stimme prägt. Markus Stricker ist für Gesang, Tasten, Gitarre, Quetsche und Ukulele zuständig und schreibt darüber hinaus die meisten Texte und Melodien. Klaus Marquardt spielt Saiteninstrumente wie die Violine, Gitarre und Mandoline virtuos, durch sein lebendiges Auftreten auf der Bühne reißt er das Publikum immer wieder mit. Micha Schad komplettiert die Saiteninstrumente mit Gitarren und Banjo und kann es dabei mit Eric Clapton durchaus aufnehmen. Ove Bosch spielt Bass, und stand auch schon mit Musikern von Udo Lindenberg auf der Bühne. Heiko Peter schließlich ist für die Schlaginstrumente zuständig. Markus Zackel übernimmt das Management und Jürgen Schuster sorgt gemeinsam mit anderen Technikern für den guten Ton.

Wer gar nicht von *Wendrsonn* lassen kann, engagiert sich im Fanklub *Wendrfreind*, der allen *Unterstützern der besten schwäbischen Band der Welt* offensteht.

Neben dem Musik machen engagiert sich *Wendrsonn* auch karitativ, nämlich für das Kinder- und Jugendhospiz Pusteblume des Rems-Murr-Kreises, in dem sie zu Spenden zugunsten des Hospizes aufrufen und Benefizkonzerte veranstalten.

Die Bandmitglieder von Wendrsonn

Biggi Binder im Scheinwerferlicht – verfügt über eine Stimme, die unwillkürlich an Janis Joplin denken lässt

Da ben I dahoim
(Musik: M.Stricker / M.Schad – Text: M.Stricker)

Still isch des Tal, wo die Nebelgeister wohnat,
weit isch die Höh, wo dr Wend die Wolka jagt,
s'Bächle fließt so klar, wo als Bua i han oft träumt,
von Kobold ond Elfa – da ben i dahoim

Dunkle, dichte Wälder, an Hauch Unendlichkeit,
Märchen ond Saga, aus uralter Zeit,
längst verfalle Mühla, alte Burga, vergessne Träum,
Vergangaheit, die atmet – da ben i dahoim

Silbern glänzt der Fluss, zwischa Felder ond Wiesa,
Madengâlâ ond Krokus, lachet dr Frühling a,
Trost fand i als Kend, bei de große alte Bäum,
wo'd Zeit gar nix gilt – da ben i dahoim

Apfelblüta schwebad, wie duftend zarte Stern,
dr Herbst schmeckt nach Zwetschga, dr Wendr isch nemme fern,
der allererste Schnee, streichelt die alte Bäum,
deckt sie zärtlich zu – da ben i dahoim

En 1000 Jahr, wird dr Wend die Wolka jaga,
en 1000 Jahr, wohnt dr Nebel emmer no im Tal,
en 1000 Jahr, lebat bloß no onsre Träum,
sie fliegad mit de Wolka – da ben i dahoim

Spätestens seit 2007, als das Lied *Da ben i dahoim* zur offiziellen Hymne aller sieben baden-württembergischen Naturparks auserkoren wurde, ist *Wendrsonn* kein Geheimtipp mehr, sondern liefert – wie es selbstbewusst auf der Bandhomepage heißt – den Soundtrack für das neue schwäbische Selbstverständnis. So lautet dann auch das Bandmotto *Mir können fei au Hochdeutsch, wellat aber net*, in Anlehnung an die berühmte Imagekampagne des Landes Baden-Württemberg.

Selbst als Vorgruppe von Rodger Hodgson von Supertramp und sogar Joe Cocker hat *Wendrsonn* schon gespielt, für eine schwäbische Mundartband ein doch enormer Erfolg. Dieser war ihnen aber nicht in die Wiege gelegt, sondern ist hart erarbeitet: Insgesamt fünf CDs mit rund 50 selbst komponierten Liedern sind mittlerweile erschienen. Und auch im Radio, in der SWR-Hitparade und vor allem auf SWR4, ist die Band ein gern gesehener und häufiger Gast.

Die Musik von *Wendrsonn* ist also etwas für Jung und Alt, und wenn der Schwerpunkt ihrer Auftritte auch im Murrtal und dem Schwäbischen Wald liegt, so kommt die Band doch im ganzen Land herum und 2015 auch nach Fichtenberg, Hohenstein-Meidelstein, Ludwigsburg, Häfnerhaslach, Onstmettingen, Unterbrüden, Langenau, Kornwestheim und ins Theaterhaus Stuttgart.

Mehr Informationen
www.wendrsonn.de

Kultusminister Hahn und das Seelenheil der Putzfrau

Der baden-württembergische Kulturminister Wilhelm Hahn war Baltendeutscher. Ein Mann von geradem Wuchs und geradem Charakter, der vor den unruhigen Studenten der achtundsechziger Jahre nicht kuschte und dementsprechend bei diesen nicht beliebt war. Er sagte einmal wahrheitsgemäß: »Ich hätte die Möglichkeit gehabt, Professor für evangelische Theologie, Bischof oder Minister zu werden. Leider habe ich mich falsch entschieden und bin Politiker geworden.«

Nach einer langen Dienstfahrt gelangte Minister Hahn mit seinem Fahrer noch sehr spät ins Kultusministerium zurück. Zu ihrem Erstaunen war eine Putzfrau noch am Werk, von der man wusste, dass sie ein sehr schweres Schicksal hatte. Ihr Mann war chronisch krank, es gab mehrere Kinder zu versorgen und ihr eigener Verdienst war sehr gering. Der Fahrer, den ihr Anblick rührte, fragte daher den Minister als hochrangigen evangelischen Theologen, ob er glaube, dass das harte Leben dieser Frau im Leben nach dem Tode entsprechend vergolten würde. Der Minister, der schon halb ausgestiegen war, drehte sich um und sagte zur Enttäuschung des Fahrers: »Ich glaube nicht«, womit er nach der evangelischen Rechtfertigungs- und Gnadenlehre recht hatte. Es ist nur zu hoffen, dass die himmlischen Instanzen milder urteilen als die protestantischen Universitätsprofessoren.

Biberacher Landrecht

Dass »starke« Landräte sich aus dem Willen der Stuttgarter Regierung wenig machen, ist bekannt. Dass sie sich selbst über das Gesetz hinwegsetzen, ist bemerkenswert, vor allem wenn es offenkundig ist. Als in den 1980er Jahren das Freilichtmuseum in Kürnbach eine Ausstellung machte, lieh es sich die Skulpturen von zwei sogenannten Pferdeheiligen aus dem Württembergischen Landesmuseum in Stuttgart. Nach Ablauf der Schau gab es sie nicht mehr zurück mit der Begründung, Pferdeheilige würden besser in den Kreis Biberach passen als ins gottlose Stuttgart, wo es kein einziges Arbeitspferd mehr gäbe. Das Bemerkenswerte ist, dass sich der »starke« Landrat gegen die klare Eigentumsregel im Bürgerlichen Gesetzbuch durchsetzen konnte.

Wo der König wohnt

Eine Horber Familie war im Advent nach Stuttgart gefahren mit der üblichen, aber nicht ganz zutreffenden Begründung, dass man in Horb doch nichts einkaufen könne. Da die Bedürfnisse weit auseinandergingen, hatte man vereinbart, dass man sich um 17 Uhr im Café Schlossgarten treffe. Pünktlich saß der Vater mit dem kleinen Sohn auch dort. Eine halbe Stunde später kam die Tochter, aber die Mutter, Mittelpunkt der Familie, fehlte noch um halb sieben. Panik kündigte sich an, vor allem der Bub wurde immer verzweifelter. Der Vater rief die Polizei an, ob eine Frau im Gedränge kollabiert sei. Die Polizei in ihrer ruhigen Art erklärte: »Bis jetzt nicht.«

Der Sohn bestand darauf, die Grünfläche zwischen Café und Landtag abzusuchen, und vermutete bei jedem Maulwurfshaufen: »Da liegt die Mama.« Die Stimmung wurde immer verzweifelter, bis die heranwachsende Tochter eine Idee hatte: »Vielleicht hat die Mama das Café im Königsbau mit dem im Schlossgarten verwechselt.« Eilig rannten die Suchenden ins Café Königsbau, und da saß die Mama, die – obwohl sie sich schon sorgte – heldenhaft die freien Plätze am Tisch für die Familie verteidigt hatte und meinte, ein König würde in einem Schlossbau mit Garten wohnen, und da hätte sie wohl alles verwechselt.

Ehrlichkeit im Wahlkampf

Nirdgendwo wird so viel gelogen wie im Wahlkampf und auf Beerdigungen. Selten kommt es vor, dass ein Politiker dies auch noch selbstironisch zugibt. Als der spätere Ministerpräsident Reinhold Maier mit seinen Helfern vor der Wahl zusammenkam, um diese fit für den Wahlkampf zu machen, verabschiedete er sie mit den Worten: „Ond glaubet jo net älles, was ihr de Leit verzählet".

Mit freundlicher Genehmigung entnommen aus: Napf, Karl: Des hann i mir glei denkt. Amüsante Anekdoten aus dem Ländle, Silberburg-Verlag, 100 Seiten, € 12,90, ISBN: 978-3-8452-1323-5

Michael Panzer

Der Mann hinter Frl. Wommy Wonder

Wolfgang Walker

Turmfrisur, Abendkleid und Stöckelschuhe sind zuhause geblieben, schließlich geht es um den Mann hinter dem „Fräulein". Der ist im besten Schwabenalter, heißt Michael Panzer, kommt auch ohne Wonder-Heels auf die stattliche Größe von 1,94 m und zeigt sich als offener, herzlicher, humorvoller aber auch sensibler und selbstkritischer Gesprächspartner. Immer noch erstaunt blickt er – fast wie ein großer Junge – auf seinen mit glücklichen Zufällen gepflasterten Weg zum Travestie-Star.

Aufgewachsen ist er im oberschwäbischen Riedlingen, konservativ religiös geprägt. Viel los war auf dem Land nicht, das Unterhaltungsangebot war eher dürftig. Als aufgeweckter, künstlerisch begabter Schüler und Klassensprecher trug Michael Panzer dann bald selbst zur Unterhaltung bei. 1984 stand er zusammen mit einem Kumpel zum ersten Mal als Wommy Wonder bei einem Faschingsball auf der Bühne, und zwar mit einer Parodie auf Modern Talking und den Denver Clan. Fotos davon zeigen ihn als vor Aufregung total nassgeschwitztes Nervenbündel. Trotzdem hat er weitergemacht und ist neben Schule und später Studium bei allerlei Festivitäten aufgetreten. Studieren wollte er ursprünglich Fremdsprachen wie Englisch oder Französisch. Doch dafür hätte er zwei Monate ins Ausland müssen. Das war dem behüteten Riedlinger zu abenteuerlich. Deshalb wählte er Deutsch und katholische Theologie. Diese Fächer studierte er dann in Tübingen und schloss mit dem Staatsexamen ab. Damit war eigentlich der Weg ins Lehramt frei.

Die vielen Auftritte versperrten ihm jedoch diesen Weg. Er ließ sich zurückstellen, immer wieder, bis es nicht mehr ging. Frl. Wommy Wonder wurde immer wichtiger für ihn, aus eher kurzen Gastauftritten wurde plötzlich ein abendfüllendes Programm, ohne dass er das eigentlich vorhatte. Ein Freund von ihm wollte unbedingt mit einem Projekt ans renommierte Theater Lindenhof in Melchingen. Seine Bewerbung hatte jedoch keinen Erfolg. Als Michael Panzer einmal nach Hause trampen musste, weil es schon spät war, nahm ihn eine freundliche Autofahrerin mit. Sie kamen im angeregten Gespräch auch auf das Theater Lindenhof zu sprechen. Es stellte sich heraus, dass die nette Autofahrerin verwandtschaftliche Beziehungen dorthin hatte. Sie fragte Michael Panzer, ob er nicht selbst mal vorsprechen wollte und bot sich als Vermittlerin an. Der unerfüllte Traum des Freundes würde nun möglicherweise für ihn, der nie groß Werbung für sich gemacht und keine großen Ambitionen hatte, wahr werden. Und so kam es. „Ich bin da einfach so reingerutscht", stellt er amüsiert fest.

Als das Theater Lindenhof jedoch nach dem Namen seines Programms und nach Plakaten fragte, war Michael Panzer jäh wieder auf dem Boden der Tatsachen gelandet. Bislang hatte er nur einzelne Nummern gespielt. Sein Freund half ihm, die Nummern zu verbinden, übernahm die Zwischenmoderation, und so wurde 1991 im Theater Lindenhof in Melchingen unter dem Titel *Traumexpress* ein buntes Programm aus der Taufe gehoben. Damit war der Bann gebrochen. Es folgten Theaterengagements in Tübingen und Reutlingen, und Frl. Wommy Wonder wurde gesellschaftsfähig. Auf Empfehlung von Romy Haag hatte dann

Michael Panzer im wahren Leben

im August 1995 mit *Mixed Pickles* das erste Programm im Stuttgarter Renitenz-Theater Premiere. Wommy Wonder wurde dort zum umjubelten sommerlichen Stammgast mit jeweils neuem Programm. Kein Künstler dürfte öfter in diesem Theater aufgetreten sein.

1998 führte Frl. Wommy Wonder alternierend mit Alice und Ellen Kessler durch das Programm des Stuttgarter Friedrichsbau Varietés und parodierte dabei die Kessler-Zwillinge sehr zu deren Vergnügen. Auch das Stuttgarter Theaterhaus zählt zu Wommys Spielstätten. Das „Fräulein" hat Bücher und CD's veröffentlicht, war in Film und Fernsehen zu bewundern, moderierte zahllose Galas im In- und Ausland. Zum 25-jährigen Bühnenjubiläum füllte es 2009 die Stuttgarter Liederhalle, und als der Mann hinter Wommy, Michael Panzer, 40 Jahre alt wurde, feierte er seinen runden Geburtstag mit 1800 Freunden im Stuttgarter Apollo Theater. Bei allem Erfolg, die Liste ließe sich beliebig erweitern, blieb Michael Panzer immer selbstkritisch, kontrolliert bis heute seine Auftritte mit einem Diktiergerät auf der Bühne, arbeitet und feilt akribisch an seinem Programm und seinem Auftritt. Waren es am Anfang noch Parodien auf damals aktuelle Künstlerinnen wie Mireille Mathieu, Nana Mouskouri oder Marilyn Monroe, über deren Titel Michael Panzer eigene Texte legte, so stellte er nach einem Schlüsselerlebnis seine künstlerische Arbeitsweise um.

2001 erlebte er in Hamburg France Delon, einen Travestiekünstler, der humorvolle Geschichten aus dem Alltag präsentierte, durch die sich zwar ein roter Faden zog, aus dem France Delon aber immer wieder unter Einbeziehung des Publikums ausscherte. Als gebürtigem Rheinländer gelang ihm das mit angeborenem Witz und Charme. Michael Panzer war fasziniert, suchte Kontakt zu France Delon und lernte von ihm, nicht mehr wie bisher nur kopflastig, sondern auch aus dem Bauch zu spielen, lockerer zu werden und in verbalem Schlagabtausch den Kontakt zum Publikum zu suchen. „Da ging eine Tür auf, das war wie ein neuer Geburtstag", schwärmt Michael Panzer. Auch seine übergroße Nervosität war plötzlich weg. Seit dieser Zeit gibt es bei Michael Panzer statt Künstlerparodien gesungene und gesprochene Alltagsgeschichten. Ständig ist er auf Ideensuche, belauscht Gespräche schwäbischer Hausfrauen an der Supermarktkasse, stöbert in Zitatensammlungen oder holt sich sogar bei Philosophen wie Arthur Schopenhauer Anregungen. Manches fällt ihm beim Autofahren oder beim Waldspaziergang ein. Die Einfälle werden auf Zetteln notiert

Wommy Wonder auf der Bühne. Hier fühlt sich Michael Panzer am wohlsten

und wandern in einen Kasten. Aus dieser Zettelwirtschaft entstehen die Eckpunkte seines Programms. Die werden dann so miteinander verbunden, dass eine logische Abfolge entsteht. Von Auftritt zu Auftritt wird je nach Publikumsreaktion textlich verbessert und, wenn nötig, umgestellt.

Das Publikum bevorzugt allerdings meist leicht zu konsumierende Unterhaltung. Zwischen den Zeilen zu lesen, ist weniger angesagt. Besonders hinter Travestie erwartet man nicht unbedingt Anspruch, weiß Panzer. Deshalb schreibt er seine Texte so, dass spontan gelacht werden kann, dass aber auch der noch was findet, der über das Gesehene und Gehörte nachdenkt. Anspruchsvolles wird bei ihm leicht verdaulich verpackt. Das macht Arbeit. 10–12 Stunden sitzt Michael Panzer manchmal am Schreibtisch. Schließlich ist er auch sein eigener Manager und braucht 150–180 Auftritte im Jahr, um den Laden am Laufen zu halten. Dazu kommen noch bis zu 30 Benefiz-Termine. Jeder kann ihn buchen. Neben dem mehrwöchigen Sommergastspiel, 2014 erstmals in der SpardaWelt am Stuttgarter Hauptbahnhof, spielt er bei Galas, Firmenfesten, Familienfeiern wie Hochzeiten und pflegt den persönlichen Kontakt zu seinen Kunden.

Das ist schon deshalb wichtig, um Vorurteile und Klischees auszuräumen, die sich immer noch um die Kunst der Travestie ranken. Als Journalisten zu ihm nach Hause kamen, um eine Homestory zu schreiben, waren sie schon etwas enttäuscht, weil sie nicht Wommy Wonder in Strapsen am Bügelbrett, sondern Michael Panzer am

Schreibtisch vorfanden. Immer wieder erklärt er deshalb am Anfang seines Programms, was Travestie ist, nämlich die Kunst der Verkleidung. Wenn Michael Panzer seine Plastikturmfrisur aufsetzt, in seine Stöckelschuhe steigt, wird er zu Frl. Wommy Wonder. Am Schluss der Vorstellung, wenn er sich vor Publikum zur Hälfte abschminkt, kommt wieder Michael Panzer zum Vorschein.

Wommy Wonder ist eine reine Bühnenfigur. Ihre Accessoires liegen bei Michael Panzer zu Hause im Keller. Weil er nichts wegwerfen kann, hat er alles aufgehoben: 120 Echthaarfrisuren und 94 Plastikturmfrisuren. Dann gibt es noch 824 Kostüme. Die ersten 270 hat Michael Panzer selbst genäht. Aus dem Burda-Heft *Nähen, leicht gemacht* hatte er den Schnitt für sein erstes Kostüm, eine Korsage. Dazu kommen 12–16 cm hohe Stöckelschuhe Größe 46. Mit Schuhen und Turmfrisur bringt es Frl. Wommy Wonder auf stattliche 2,42 Meter. Zum Schminken braucht Michael Panzer zweieinhalb Stunden. Doch das gehört eben zur Travestie, der Kunst der Verwandlung.

Übrigens ist auch Panzers Heimatstadt Riedlingen in Oberschwaben nach anfänglichem Fremdeln richtig stolz auf Wommy Wonder. Ein ortsansässiger Konditor hat sogar eine Wommy-Praline kreiert, die natürlich bestens zum Programm *Sahnestückchen* passt, mit dem Wommy Wonder, Schwester Bärbel, hinter der ein Brasilianer steckt, der das Publikum clownesk „pflegerisch" betreut, und Tobias Becker, der Mann am Klavier, noch bis Juli 2015 unterwegs sind.

Sogar seine Mutter, die noch in Riedlingen lebt, hat sich mit ihrem

Die „Crew" an der Wonder-Bar, Frl. Wommy Wonder mit Schwester Bärbel und Tobias Becker

Schicksal inzwischen abgefunden, meint Michael Panzer augenzwinkernd. Sie ist sogar ein bisschen stolz auf ihren Sohn. Sie muss sich für ihn auch nicht schämen, fügt er hinzu. Schließlich ist er ein „Glanzlicht der Verwandlungskunst", wie ein Kritiker geschrieben hat. Sein Programm ist unterhaltsam, leicht anzüglich, ein bisschen frivol, aber nicht ordinär. Er spielt mit dem Publikum, ohne es vorzuführen, überschreitet die Grenze zum Zotigen aber nie. Er ist Künstler durch und durch, macht sich Gedanken, ist überhaupt kein schräger Vogel und verspürt keinerlei Lust, im Fummel über die Stuttgarter Königsstraße zu gehen. Die Bühne ist seit 30 Jahren sein Zuhause. Dort fühlt er sich tierisch wohl. Theater hält jung, stellt er täglich von neuem fest. Deshalb will er auftreten, bis er umfällt.

Nähere Informationen
unter www.wommy.de

Literaturland Baden-Württemberg

Daniel Kuhn

Baden-Württemberg verfügt über eine reiche Literaturlandschaft, die das jüngste Bundesland zu einer einzigartigen Literaturregion macht. Neben den großen Tempeln der Literatur, wie in der Württembergischen, der Badischen Landesbibliothek und auch im Deutschen Literaturarchiv Marbach gibt es über 90 kleinere Museen in Baden-Württemberg, die an literarische Größen wie Ernst Jünger, Friedrich Schiller oder Christoph Martin Wieland erinnern, regionales Schriftgut erhalten oder ein spezielles Sammelinteresse bedienen. Diese regionale Museumsstruktur ermöglicht die Präsentation und die Erhaltung der regionalen Textproduktion, gleichzeitig fehlt diesen Museen häufig die Möglichkeit, Fachkompetenz zu bündeln und für kleinere Ausstellungen nutzbar zu machen. Hilfestellung gibt hier das Marbacher Literaturarchiv mit seiner Arbeitsstelle für literarische Museen, Archive und Gedenkstätten in Baden-Württemberg.

Als Anlaufstelle zur Betreuung der kleineren Literaturmuseen hilft die Arbeitsstelle nicht nur bei der Konzeption von Ausstellungen, der Erhaltung wichtigen Schriftguts, sondern unterstützt auch kleinere Museen finanziell. Die 2013 eröffnete Ausstellung im Wilhelm-Hauff-Museum wurde mit einem namhaften Betrag unterstützt, ein kurzes Portrait des Museums findet sich auf S. 25 des Heimatkalenders.

Ein aktuelles Beispiel für die Bedeutung, Vielfalt und den An-spruch des modernen Museumswesens ist die Ausstellung im Literaturmuseum Maulbronn, das von der Stadt Maulbronn getragen, im Areal des ehemaligen Zisterzienserklosters die Literaturgeschichte von Stadt und Kloster vorstellt.

Literaturmuseum Maulbronn

Die Dauerausstellung mit dem Titel *Besuchen. Bilden. Schreiben* wurde vom Leiter der Marbacher Arbeitsstelle Dr. Thomas Schmidt gemeinsam mit dem Stadtarchivar Martin Ehlers und Klosterbuchhändler Dr. Reto Krüger kuratiert und zeigt die Beziehung zwischen dem Kloster Maulbronn und der Literatur: In der Abteilung *Besuchen* wird die Geschichte des Bildes von Maulbronn, das dem Besucher entgegentritt und das auch von berühmten literarischen Besuchern mitgeschrieben wurde, aufgezeigt und dargestellt. Von der christlichen Literatur des ursprünglichen Klosters bis hin zu den Schauergeschichten, für die die Ruinen des Klosters eine ideale Kulisse boten, spannt sich der Bogen.

In der zweiten Abteilung *Bilden* wird die Geschichte des Klosters nach der Säkularisation im Zeitalter der Reformation vorgestellt, denn nach diesem einschneidenden Ereignis wurde Maulbronn zur württembergischen Klosterschule für die schulische Ausbildung zukünftiger evangelischer Priester. Nach dem württembergischen Landexamen kamen begabte Schüler nach Maulbronn, um hier ihre schulische Laufbahn und die Vorbereitung auf ihr Studium im Tübinger Stift zu absolvieren. Als prominenteste Schüler drückten hier Johannes Kepler, Friedrich Hölderlin und Hermann Hesse die Schulbank. Ihre Stundenpläne und einige ihrer Texte sind ausgestellt. In der dritten Abteilung *Schreiben* steht die literarische Textproduktion des Klosters im Vordergrund. Angefangen bei Texten aus dem

Eine Infotafel der Ausstellung Besuchen. Bilden. Schreiben im ehemaligen Kloster Maulbronn

Maulbronner Skriptorium mit Werken aus dem 11. Jahrhundert, als die Zisterziensermönche wichtige Werke abschrieben, bis hin zu den Versen Hölderlins, der seine ersten literarischen Gehversuche in Maulbronn machte. Übersetzungen prägen ebenso die literarische Textproduktion – von Lord Byron bis zu Lenin. Aber nicht nur die großen Geistesgestalten Hölderlin und Mörike, viele bekannte und weniger bekannte, insgesamt mehr als 50 Schriftstellerinnen und Schriftsteller begegnen uns in der Maulbronner Ausstellung.

Spuren und literarische Radwege

Aber nicht nur vor Ort präsentiert sich das Literaturland Baden-Württemberg. Auch mit nach Hause kann man dieses nehmen. Die *Spuren* präsentieren auf 16 Seiten bekannte und unbekannte literarische Ereignisse. So treffen sich Weltliteratur und Region, bekannte Literaten und vergessene Schriftstellerinnen und Schriftsteller. Und selbst ein literarisches Radwegenetz *Per Pedal zur Poesie* lädt zur sportlichen Erkundung der baden-württembergischen Literaturorte ein. Eine gelungene Verbindung von körperlicher Ertüchtigung und geistiger Bildung.

Nähere Informationen:

Kloster Maulbronn
Klosterhof 5
75433 Maulbronn
www.literaturland-bw.de
www.alim-bw.de

deutsches
literatur
archiv marbach

Literarische
MUSEEN
Europas dichteste Literaturlandschaft

Literarische
SPUREN
Eine bibliophile Reihe über den deutschen Südwesten

PER PEDAL ZUR POESIE
Literarische Radwege

Arbeitsstelle für literarische Museen, Archive und Gedenkstätten in Baden-Württemberg

Deutsches Literaturarchiv Marbach, Postfach 1162 71666 Marbach am Neckar Telefon 07144/848-603 Fax 07144/848-615 alim@dla-marbach.de

LITERATURLAND-BW.DE

Alt und Jung unter einem Dach

Das Mühlbachhaus in Schorndorf

Wolfgang Walker

Wer mit dem Zug Schorndorf besucht, ist vom Bahnhof schnell in der fachwerkgeschmückten Altstadt. Auf die andere, scheinbar weniger einladende Seite der Bahngleise verirrt sich kaum einer. Dabei gibt es dort ebenfalls Interessantes zu sehen. Sind es in der Altstadt mit dem Fachwerk die Zeugen der Vergangenheit, so präsentiert sich auf der gegenüberliegenden Seite mit dem Mühlbachhaus ein Projekt der Zukunft. Ein Ensemble von drei miteinander verbundenen zweigeschossigen Wohnhäusern in den Farben gelb, rot und weiß mit begrüntem Innenhof, der zum Kommunizieren und Spielen einlädt, bietet Lebensraum für alle Generationen. Die Idee zu einem Mehrgenerationenhaus entstand 2002 in einer Zukunftswerkstatt im Rahmen der Lokalen Agenda 21. Dort machte man sich Gedanken über das Wohnen im Alter in Schorndorf. Es entstand eine kleine Projektgruppe, für die schnell klar war, dass das Leben im Alter in der Gemeinschaft, aber mit eigener Wohnungstür, und nur zusammen mit der jüngeren Generation stattfinden sollte. Ziel war also keine weitere Seniorenresidenz, sondern ein Mehrgenerationenhaus. Dafür wurden in vielen Veranstaltungen zum Beispiel bei der Volkshochschule vor allem Jüngere angesprochen. Bald schon folgte die Suche nach einem geeigneten Grundstück und nach Bauexperten. Man fand eine Wohnungsgenossenschaft in Stuttgart, die Erfahrung mit solchen Projekten hatte, und lernte einen Architekten kennen, der eine individuelle Planung und Gestaltung der Wohnungen ermöglichte. Im März 2007 wurde der Grundstein zum Mühlbachhaus gelegt und bereits ab November desselben Jahres zogen die ersten ein. Die Hausgemeinschaft besteht aus Mietern und Eigentümern, die gleichberechtigt sind. Statt einer strengen Hausordnung gibt es Leitgedanken, die bereits 2005 formuliert wurden. Dazu gehört die Selbstverwaltung ebenso wie ein achtsamer Umgang mit Menschen und Natur, das aufeinander Zugehen, gegenseitige Hilfe und das Einbringen eigener Fähigkeiten und Talente zum Wohle aller. Gemeinschaft und Eigenständigkeit unter einen Hut zu bringen ist wohl das Hauptanliegen im Mühlbachhaus. Dazu kommt das ständige Bemühen, den Altersdurchschnitt der Bewohner möglichst niedrig zu halten. Ende 2013 lag der bei erstaunlichen 44,18 Jahren. Die Gemeinschaft profitiert von der Erfahrung der Alten, die, wie der älteste mit 88, noch geistig rege sind, und ist auf der anderen Seite stolz über jede Geburt. Drei Kinder kamen 2013 zur großen Freude zur Welt. 14 Alleinstehende, 8 Paare ohne Kinder, 8 Familien mit 1–4 Kindern und 2 Alleinerziehende lebten 2013 im Mühlbachhaus. Von den 30 Wohnungen mit einer Wohnfläche von 46 bis 160 qm² sind 7 geförderte und sozialgebundene Mietwohnungen, drei Wohnungen frei vermietet und 20 von Eigentümern bewohnt. Das klingt jetzt nach trockener Statistik, doch bei einem Besuch im Mühlbachhaus deutet schon ein fröhliches Stimmengewirr in den Laubengängen, die auf jedem Stockwerk an den Häusern entlanglaufen und auf die jede Wohnungstür führt, auf eine lebendige Gemeinschaft hin. Einige Türen sind offen. Man trifft sich auf dem Gang, besucht sich gegenseitig,

So trifft man sich vor dem Mehrgenerationenhaus – Alt und Jung ins Gespräch vertieft

unterhält sich, teilt Freud und Leid miteinander. Wenn Kinder mittags von der Schule kommen, die Mutter noch nicht zu Hause ist, klingeln sie einfach bei den Nachbarn, werden dort herzlich aufgenommen und bekommen sogar ein Mittagessen. Es gibt keinerlei Berührungsängste. Die Kinder haben viele Omas und Opas, die sie sehr mögen. Und Alt und Jung profitieren voneinander. Eine ältere Bewohnerin gibt einem 11-jährigen Jungen beispielsweise in Deutsch Nachhilfe und umgekehrt helfen die Jungen den Älteren bei Computerproblemen. Ältere nehmen Kleinkinder in ihrem Wagen auf Spaziergänge mit oder passen auf sie auf, wenn die Mütter keine Zeit haben. Und nicht nur um die Zweibeiner auch um die Vierbeiner kümmern sich alle. Drei Hunde und zwei Katzen gehören zur Hausgemeinschaft. An jungen und alten Gassigehern mangelt es nicht. Es herrscht ein Geben und Nehmen im Alltag. Wenn jemand krank ist, macht man Krankenbesuche in der Wohnung, und als jemand in Bad Cannstatt im Krankenhaus lag, hat man die Angehörigen zweimal in der Woche im Auto dorthin gefahren. Eine junge alleinerziehende Mutter ist im Mehrgenerationenhaus richtig

aufgeblüht. Sie hat ein Netzwerk gefunden, das ihr ermöglicht, wieder arbeiten zu gehen, die Kinder betreut zu wissen, auch mal abends etwas unternehmen zu können und Teil einer Gemeinschaft zu sein, die ihr mit Rat und Tat zur Seite steht. Kinder im Mühlbachhaus sind offener als andere. Sie lernen schon früh unterschiedliche Lebensbeispiele kennen und gehen völlig unverkrampft auf andere zu. Im Mühlbachhaus gibt es alle Alters- und Einkommensschichten, verschiedene Nationalitäten und Menschen mit Behinderung. Alle zusammen sind eine große Familie, in der man sich wohl und geborgen fühlt. Deshalb ist es schlimm, wenn jemand ausziehen muss, besonders für die Kinder. Auf der anderen Seite ist ein solches Mehrgenerationenhaus natürlich nichts für Einzelgänger, die sich abschotten und die Gemeinschaft meiden. Man muss nicht mit allen können, doch man sollte teamfähig sein. Einmal im Monat gibt es eine Hausversammlung, auf der über alles gesprochen wird, was die Gemeinschaft bewegt. Da geht es dann unter Umständen auch um neue Aufgaben für die Teams. Die sind für Arbeiten im Innen- und Außenbereich des Mühlbachhauses

zuständig. Jeder sollte sich da mit seinen Fähigkeiten einbringen und Mitglied in einem Team sein. Das Kommunikationsteam sorgt für die Öffentlichkeitsarbeit und organisiert die regelmäßig stattfindende Kinderkonferenz. Ein weiteres Team betreut die Cafeteria und interne Veranstaltungen. Das Technikteam wartet zum Beispiel die Grauwasseranlage, in der umweltschonend Bade- und Duschwasser aufbereitet wird. Wartung brauchen auch hin und wieder die Geräte im gemeinsamen Fitness- und Gymnastikraum, die ebenso von den Bewohnern zur Verfügung gestellt wurden, wie die sieben Maschinen in der Waschküche, in denen jeder seine Wäsche waschen kann. Für gemeinsame Aktivitäten nutzen kann man außerdem einen Bastel- und Werkstattraum. Das viele Grün, vom Dach angefangen über die Außenbegrünung bis zum Innenhof mit Boulebahn und Kinderspielgeräten ist Sache des Gartenteams. Der Wohnhof ist neben den Laubengängen beliebter Treff- und „Schwätzpunkt". Dort wird auch gefeiert, es gibt Frühlings-, Sommer- und Herbstfeste mit anschließender gemeinsamer Wanderung. Bei aller Gemeinsamkeit wird aber auch immer darauf geachtet, dass die

Gemeinsames Klettern auf dem hauseigenen Spielplatz

Eigenständigkeit der Bewohner gewahrt bleibt. Es liegt allerdings in der Natur der Sache, dass in einer solchen Gemeinschaft nichts verborgen bleibt. Jede Veränderung bekommen alle mit. Es gibt eine Art internes Kontrollsystem. Das ist gut, wenn jemand in Not gerät oder krank wird. Der ist dann nicht allein, wird aufgefangen und hilfreich gestützt. Die Bewohner sind übrigens nicht nur innerhalb der Hausgemeinschaft aktiv, sondern mischen sich auch außerhalb ein und engagieren sich. Da wird Flüchtlingen bei der Sprache geholfen, eine Bewohnerin, sie ist Malerin, bietet Flüchtlingskindern Hilfe gegen ihre Traumatisierungen an. Da wird ein gemeinsamer Garten außerhalb gepflegt, ökobewusst fairer Handel mit Kauf im Weltladen unterstützt, da fahren einige im besten Alter zur Montagsdemo nach Stuttgart und waren auch schon mal bei einer Menschenkette dabei, da hat man bei der Stadt Schorndorf erreicht, dass die Straße am Mühlbachhaus Spielstraße und Sackgasse zum Wohle der Kinder wurde, da ist man, wie es in den Leitlinien steht, nach außen offen und tolerant und fördert als Kind der Lokalen Agenda Aktivitäten im Stadtteil und die kulturelle Vielfalt der Stadt. Das Mühlbachhaus in Schorndorf – das spürt man bei einem Besuch – ist schon jetzt ein Erfolgsmodell und seinem Ziel, mit der Gemeinschaft der Generationen eine „neue Qualität von Wohnen und Leben" zu erreichen, ganz nahe.

Nähere Informationen
www.muehlbachhaus.de

Das Hotel-Restaurant Anne-Sophie in Künzelsau

Carmen Würths Oase der Menschlichkeit

Monica Wejwar

„Mit dem offenen Aufeinanderzugehen heilen wir natürlich nicht den behinderten Menschen, sondern unser eigenes, oft krankes oder schlafendes Sozialempfinden, unsere Menschlichkeit".
Carmen Würth in ihrer Rede bei der Eröffnungsfeier des Hotels am 14. März 2003

Wir, wir, wir sind anders als ihr, ihr, ihr seid anders als wir.
Na und? Das macht das Leben eben bunt!
(Liedvers aus der CD Sooooo bunt, Lieder aus dem Herzen) aufgenommen vom Chor des Hotel-Restaurants Anne-Sophie)

Liebenswerte Gastlichkeit

Von außen ein freundlich einladendes Hotel inmitten des heimeligen Fachwerkzentrums von Künzelsau direkt neben dem Schloss. Die Terrasse am Aufgang lädt in der warmen Jahreszeit zum Entspannen ein. Hier kann man „die Seele baumeln lassen". Noch deutet nichts darauf hin, was sich Besonderes hinter der bescheidenen Eingangstür verbirgt.

Ein gepflegtes Ambiente empfängt uns, die freundliche Mitarbeiterin an der Rezeption erwartet uns bereits mit zuvorkommender Aufmerksamkeit. Bis dahin eigentlich nichts Außergewöhnliches.

Aber dann kommt plötzlich ein fröhlicher junger Mann in eifriger Geschäftigkeit an uns vorbei – er ist einer der hier beschäftigten Menschen mit einem Handicap. Man spürt seine gute Laune und hat sofort das Gefühl, hier freut sich jemand auf seine Arbeit, er ist gerne hier.

Und das ist der Grund für unseren Besuch: In diesem Hotel ereignet sich täglich etwas ganz Besonderes. Seit der Eröffnung im März 2003 arbeiten hier Menschen mit und ohne Behinderung zusammen.

Sinn und Erfüllung in einem selbstbestimmten Leben

Die Hoteldirektorin Yvonne Schmidt, gleichzeitig Leiterin des Fachteams, empfängt uns zusammen mit ihrer Mitarbeiterin Maren Sauter zu einem engagierten, fachkundigen, geduldig auf unsere Fragen eingehenden ausführlichen Gespräch. Sie entschuldigt Carmen Würth, die gerne heute bei uns gewesen wäre, aber zu ihrem Sohn Markus nach Sassen in der Nähe von Fulda gefahren ist, um mit ihm Geburtstag zu feiern. Und damit sind wir am Ursprung dieses Hotels angelangt: Carmen und Reinhold Würths Sohn Markus erlitt nach einer Kinderschutz-Vierfachimpfung als Kleinkind bleibende Gehirnschäden. Das Ehepaar Würth erlebte die unendliche Odyssee von Schwierigkeiten und Problemen, die die Eltern behinderter Kinder durchleben. Die Familie kümmerte sich rührend um Markus, doch die Mutter sah schnell ein, dass der heranwachsende Sohn ein Umfeld brauchte, das ihm Entwicklungsmöglichkeiten zu einem selbstbestimmten Leben in einer gleichberechtigten Gemeinschaft ermöglichte. Sie fand diesen Ort in Sassen, einer Gründung der *Lebensgemeinschaft e. V.* in der Nähe von Fulda. In diesem integrativen Dorf leben Menschen mit und ohne Behinderung in Familiengemeinschaften zusammen, umsorgt als vollwertige Persönlichkeiten. Wann immer Carmen Würth Zeit hat, fährt sie dort hin.

Hinter dem Hotel Anne-Sophie steht also das persönliche Schicksal der Familie Würth. Die Behinderung des Sohnes war eine „zentrale Weggabelung in ihrem

Die Belegschaft des Hotel-Restaurants Anne-Sophie

Leben". Die Sorgen der Eltern, die sich um diese Kinder Sorgen machen müssen, die scheinbar nicht mehr in die Anforderungen unserer Zeit passen, haben sie stark geprägt, und immer wieder hat sich Frau Würth gefragt: „Wie kann man dem Leben eines behinderten Menschen Sinn und Erfüllung geben und wie erreicht man in der Begegnung mit anderen Menschen deren Verständnis?"

Immer mehr ist in ihr der Plan gereift, einen Ort zu schaffen, „wo behinderte und nicht behinderte Menschen in harmonischer Weise zusammen finden." Wo behinderte Menschen eine Beschäftigung finden können, die ihr Selbstbewusstsein stärkt. Aber wo auch die nichtbehinderten Menschen spüren, welche Lebensfreude sie ausstrahlen können.

Eine Herzensangelegenheit findet ihre Erfüllung

Als 1996 im Zentrum von Künzelsau das historische Gebäude, in dem die Polizei untergebracht war, frei wird, keimt in Carmen Würth die Idee auf, hier ein Hotel entstehen

zu lassen. Nach langen Überlegungen und Planungen kauft 1998 die Familie Würth das Haus. Viele Hürden waren zu überwinden. Der Umbau des historischen Gebäudes musste die Vorgaben des Denkmalschutzes erfüllen, behindertengerecht gestaltet werden und funktional sein. Am 14. März 2003 kann Carmen Würth endlich die Einrichtung in einer bewegenden Rede der Öffentlichkeit eröffnen:

„Aber der Ursprung dieses Hauses, die Idee dazu ist nicht im Kopf entstanden, sondern sie kommt aus dem Herzen."

Warum aber heißt das Hotel Anne-Sophie? Anne-Sophie war das Enkelkind von Carmen und Reinhold Würth, das mit neun Jahren durch einen tragischen Verkehrsunfall aus dem Leben gerissen wurde. Die in der Nähe liegende Schule, die auch von der Familie Würth ins Leben gerufen wurde, trägt ebenfalls ihren Namen.

Zusammen mit der Beschützenden Werkstätte, einer karitativen Einrichtung in Heilbronn/Ingelfingen, entwickelte Carmen Würth ein Konzept, um Mit-

arbeiter mit Behinderung in die Arbeitsabläufe eines Gastrobetriebes einzulernen. Neben der fachlichen sollte gleichzeitig die pädagogische Betreuung gewährleistet werden. Das Hotel erfüllt dabei die Rolle einer Außenstelle der Werkstätten. In enger Kooperation wird die teilweise erstauliche Entwicklung der Behinderten in ihrem täglichen Umgang untereinander, mit Gästen und den Anforderungen der Arbeitswelt begleitet. Ziel der Zusammenarbeit ist es, die Kollegen aus der Beschützenden Werkstätte langfristig zu befähigen, eine Stelle auf dem freien Arbeitsmarkt anzutreten.

Derzeit sind ein Drittel des Teams Menschen mit Behinderung. Sie arbeiten in der Küche, dem Service, dem *Housekeeping* oder in der Haustechnik. Sie werden im Arbeitsalltag achtsam von den Fachangestellten angeleitet und betreut. Tatsächlich ist es schon einigen gelungen, in der „freien Wirtschaft" erfolgreich mit zu arbeiten.

Wenn einer sagt: „Ich brauch' dich du, ich schaff' es nicht allein", dann kribbelt es in meinem Bauch, ich fühl mich nicht mehr klein."
(Liedvers aus der CD Sooooo bunt)

Vertrauensvolles Verständnis im Arbeitsalltag

Im Gespräch mit Yvonne Schmidt und Maren Sauter wird schnell deutlich, dass der Einsatz und die verständnisvolle Zusammenarbeit mit Menschen unterschiedlichster Handicaps kein Opfer oder eine lästige Pflicht ist, sondern neue Welten erschließt. Einiges muss hier natürlich anders gehandhabt werden.

Die heute viel bemühte und diskutierte Integration bzw. Inklu-

Markus und Serkan arbeiten Hand in Hand am Herd

sion ist eine Herausforderung, die in einer Atmosphäre des Vertrauens stattfinden muss. Ehe die jungen Behinderten ins Hotel kommen, müssen sie zuerst ein Praktikum absolvieren. Und da kann es schon einmal passieren, dass man feststellen muss, dass die „Chemie nicht stimmt" – so wie überall auf der Welt. Und da haben die anderen Behinderten auch ein Mitspracherecht.

Auch muss oft zu Beginn nicht selten vorhandene Angst und Schüchternheit überwunden werden, weil Behinderte oft nicht gewöhnt sind, an ihre Fähigkeiten zu glauben. Selbstbewusstsein muss aufgebaut werden.

Als wir die Hotelzimmer besichtigen, fällt uns ein mit großer Freude arbeitendes Mädchen auf der Etage auf. Unsere Begleiterin erzählt, dass es am Anfang unter starken Ängsten gelitten habe, ihrer Aufgabe nicht gerecht werden zu können. Nun macht es seine Arbeit ganz ruhig, auf sich konzentriert und mit sichtbarem Selbstbewusstsein.

Eine besondere Herausforderung sind natürlich die Stresssituationen. Zum Beispiel wenn eine größere Gästegruppe beim Frühstück schnell bedient werden muss, weil eine Tagung stattfindet. Da ist es entscheidend, mit wie viel Einfühlungsvermögen die verantwortlichen Fachkräfte ihre Aufgabe wahrnehmen.

Mit Fingerspitzengefühl wird dann dem behinderten Mitarbeiter, der mit Akribie jeden Morgen zuerst seine Gläser in Reih und Glied ordnet, verständlich gemacht, dass die wartenden Frühstücksgäste Vorrang haben.

Wir sind stark, weil wir zueinander stehn.
Wir sind stark, wir sagen auch mal nein.
Wir sind stark, weil wir mit dem Herzen seh'n.
(Liedvers aus der CD „Sooooo bunt")

Service kann Freude machen

Beim abschließenden Mittagessen im voll besetzten Wintergarten des Hotels können wir erleben, mit welcher Offenheit und Zugewandtheit wir umsorgt werden und wie stolz die Behinderten sind, hier nach ihren Fähigkeiten arbeiten zu können. Sie spüren und erleben, dass sie anderen Menschen eine Freude machen können und Anerkennung finden. Die stolze Freude über das Geleistete strahlt durch das ganze Restaurant. Und wir spüren, dass kein nicht zu erfüllender Erfolgsdruck auf den jungen Menschen lastet.

Die Aufmerksamkeit, mit der sofort ein Tisch abgeräumt und mit Liebe neu eingedeckt wird, berührt unmittelbar. Die harmonische Zusammenarbeit der Menschen mit und ohne Handicap ist kein spektakuläres Thema mehr.

Leckeres und Ansprechendes kommt hier auf den Teller

Dass alles hervorragend geschmeckt hat, muss einfach auch noch erwähnt werden.

Mit der Auszeichnung im *Land der Ideen* wurde das Konzept 2007 gewürdigt. Seit 2012 wird die Leistung dieses ungewöhnlichen Teams in den renommierten Gastronomie-Führern Gault Millau und Guide Michelin gewürdigt.

So präsentieren sich die gemütlichen Räumlichkeiten im Hotel Anne-Sophie

Im Wintergarten lässt es sich gut sitzen und genießen

Hotelzimmer für das ganz besondere Wohlfühlen

Ein Rundgang durch die Zimmer des Haupthauses, das 2013 mit 18 neuen Gästezimmern, Restaurant und Tagungsräumen entstand, ist ein ganz eindrückliches Erlebnis: Jedes Zimmer ist von der Hausherrin individuell und liebevoll einge-richtet. Der Gast findet eine Aus-wahl schöner Bücher (übrigens auch in der Leseecke der Lobby) – Literatur und Poesie auf jedem Kopfkissen! Gedichte auf der Bett-decke – und ein Betthupferl, das aus der eigenen Backstube kommt.

Das ist noch lange nicht alles – die Kunstsamlung, die Carmen Würth im Hotel ausgestellt hat, ist eine Besonderheit: Eda Kadiric, Agnès Baillon, Mario Fallani sind internationale Künstler, die Carmen Würth mit ihren Gästen teilt.

Dass viele Stammgäste ihr Lieb-lingszimmer haben, lässt sich leicht nachvollziehen. Im Turmzimmer mit Blick auf die Künzelsauer Alt-stadt zu residieren, ist sicher ein unvergessliches Erlebnis.

Man sollte auch ein Andenken mit nach Hause nehmen

Ja, und dann gibt es in diesem Komplex noch etwas, was sich an das besondere Konzept des Anne-Sophie Hotels anschließt: Das *Lin-dele*. Hier kann man Produkte und Erzeugnisse aus Behindertenwerk-stätten vieler Länder erwerben. Und wenn Sie nach der Bedeutung des Namens *Lindele* fragen: es ist der Kosename der Familie und der Freunde für Carmen Würth.

Für alle

Das Ende des Besuchs im Anne-Sophie-Hotel bedeutet, die „nor-male Welt" mit anderen Augen zu sehen, zu begreifen, dass es an uns allen liegt, dass jeder etwas dazu beitragen kann, die Welt an einer kleinen Stelle besser zu machen. Dass es nicht das Tosen des Beifalls ist, der das Leben bedeutend macht, sondern die tägliche, vielleicht manchmal als klein erachtete Tat im Alltag.

Nähere Informationen

Hotel Restaurant Anne-Sophie
Hauptstraße 22–28
74653 Künzelsau
Tel: 07940 / 9 34 60
Fax: 07940 / 93 46 77
Email:info@hotel-anne-sophie.de

Die „Blaue Stunde" taucht das Hotel in sanftes Licht

Von den Kärtner Nockbergen auf die Haut

Speick Naturkosmetik in Leinfelden-Echterdingen

Wolfgang Walker

Der Duft, der beim Betreten des Firmengebäudes in die Nase steigt, ist unverwechselbar und irgendwie vertraut. Erinnerungen werden wach an eine Zeit, in der nach der Kernseife Wohlgeruch und Wohlbefinden in die Körperpflege einzogen und das Badezimmer intensiv nach Speick-Seife roch.

Als traditionelles Markenzeichen ist die rote Seife zwar auch heute noch ein wichtiger Bestandteil der Produktion von Speick Naturkosmetik in Leinfelden, doch die Angebotspalette ist längst viel umfangreicher und umfasst mit Cremes, Lotions, Shampoos, Duschgels, Deos und vielen weiteren Produkten alle gängigen Körperpflege- und Kosmetikartikel. Besonderen Wert legt man bei Speick auf den Begriff Naturkosmetik, man setzt auf Ökologie und Nachhaltigkeit. Und das mit Erfolg. 2013 wurde Speick zur nachhaltigsten Marke Deutschlands gekürt und mit dem Deutschen Nachhaltigkeitspreis ausgezeichnet. Darauf ist man im Familienunternehmen stolz, das in dritter Generation von Wikhart Teuffel, dem Enkel des Firmengründers Walter Rau, geführt wird.

Die Seifenmacherei

Die Tradition des Seifenmachens geht allerdings noch weiter zurück. Als Apotheker und Kaufmann stellte bereits der Ururgroßvater von Wikhart Teuffel Stearinkerzen und Schmierseifen her. Drei württembergische Seifenhersteller fusionierten später zu den Vereinigten Seifenfabriken Stuttgart mit Sitz in Untertürkheim. Der „Seifenbau" im heutigen Daimler-Werk erinnert noch daran.

Die Gründung der Firma

Vielleicht ahnte Walter Rau, der aus diesem Betrieb kam, das Ende der Firma noch vor dem Ersten Weltkrieg. Auf jeden Fall stieg er rechtzeitig aus und gründete 1928 in einer wirtschaftlich schwierigen Zeit das Feinseifenwerk *Walter Rau* in Stuttgart-Möhringen. Viele Erinnerungen hat Wikhart Teuffel nicht mehr an seinen Großvater. Schließlich war er noch ein Kind, als Walter Rau starb. Auf jeden Fall war er eine starke Persönlichkeit. Verständigen konnte man sich mit ihm nur per Fingeralphabet oder Gebärdensprache. Durch eine Krankheit hatte er schon früh sein Gehör verloren und musste seinen Betrieb mit diesem Handicap managen. Deshalb spielte seine Frau eine besonders wichtige Rolle. Die hatte er, quasi als „Hörrohr", auch bei geschäftlichen Besprechungen immer dabei, erinnert sich Wikhart Teuffel. Kraft schöpfte Walter Rau aus der Anthroposophie, deren Anhänger er war. Der Mensch in seiner Gesamtheit, seine Fähigkeiten und Entwicklungsmöglichkeiten standen für ihn im Mittelpunkt. Er förderte seine Beschäftigten mit „Werkstunden", es gab betriebliche Kinderbetreuung für berufstätige Mütter und Naherholungsangebote für alle. Die Stuttgarter Waldorfschule in der Haußmannstraße hat Walter Rau mit ins Leben gerufen. Wikhart Teuffel und seine drei Kinder sind Waldorfschüler. Auch für ihn steht, ganz im Sinne seines Großvaters, der Mensch im Mittelpunkt und nicht die Arbeit. Das schafft Nachhaltigkeit. Es wird ohne Druck, mit Spaß an der Aufgabenstellung gearbeitet, der Chef ist einer von vielen und hat Verständnis für jeden. Für motivierte Menschen, weiß Wikhart Teuffel, ist Leistung leichter zu erbringen

Ein Bauernmarkt bietet handgemachte Seifen an – heute wieder gesuchte Raritäten

Walter Rau und seine Frau Lola von Fumetti

und fügt hinzu: „Wer bei Speick arbeitet, ist im Urlaub." Da ist es fast logisch, dass auch die Speick-Produkte so etwas wie Urlaubsfeeling vermitteln. Walter Rau entdeckte nämlich mit dem Speick eine eher unscheinbare, fast in Vergessenheit geratene Alpenpflanze wieder und versetzte seine Seife mit deren ätherischen Ölen.

Die Speick-Pflanze

Die Öle beruhigen und regen gleichzeitig an. Die Wechselwirkung kommt nicht von ungefähr. Schließlich gehört der Speick zu den Baldriangewächsen. Auf das zentrale Nervensystem wirkt er entspannend, auf das vegetative belebend.

Der Echte Speick

Das Wort Speick geht auf den ursprünglichen Namen *spica celtica* zurück. *Spica* ist lateinisch und heißt Ähre, der Wurzelstock soll an eine Ähre erinnern, *celtica* deutet auf die keltische Herkunft hin. Schon die alten Ägypter badeten 500 vor Christus in Speick und ölten sich damit ein.

Er diente als Heil- und Arzneipflanze, so kurierte zum Beispiel Kaiser Marc Aurel sein Magenleiden mit Speick. Die Pflanze wurde zeitweise mit Gold aufgewogen, mit einer Steuer belegt, in großen Mengen ausgegraben und in alle Welt, besonders aber in den Orient exportiert. Das ging so bis zum Anfang des 20. Jahrhunderts. 1936 wurde der Speick, um seine Ausrottung zu verhindern, unter Naturschutz gestellt. Damit hatte dann auch Walter Raus Feinseifenfabrik in Stuttgart-Möhringen, deren Visitenkarte ja der Speick war, ein Problem. Zu seiner Lösung schlug man zum Teil abenteuerliche Wege ein. So brachte man etwa Speick-Setzlinge vom Patscherkofel auf verschlungenen Pfaden nach Deutschland, kultivierte sie und legte im Schwarzwald

So kennt man die Speick-Seife seit langer Zeit

Speick-Plantagen an. Eine mühsame Angelegenheit, dauert es doch vier Jahre, bis die Pflanze Wurzeln hat. Die Mitarbeiter wurden dann im Sommer, wenn der Speick blühte, zur Feldarbeit geschickt. Die Qualität war, im Vergleich zum hochalpinen echten Speick, allerdings recht bescheiden. Der beste Speick gedeiht eben nur oberhalb der Baumgrenze ab 1800 Metern, auf teilweise noch schneebedeckten Böden. Er braucht warme Tage und kalte Nächte. Diese optimalen Bedingungen bieten die Kärntner Nockberge im Süden Österreichs. Und nur dort, in der Region Biosphärenpark Nockberge darf der Speick heute noch streng kontrolliert geerntet werden. Almbauernfamilien haben die Konzession. Und von denen bekommt Speick Naturkosmetik die getrockneten Pflanzen. Die Bauern, die die Speick-Ernte als Nebenerwerb betreiben, steigen von Mitte August bis Mitte September morgens hinauf bis auf 2000 Meter, graben mit einer speziellen Kralle die oft nur schwer auf dem Boden zu erkennenden schmächtigen grünen Pflanzen mit den kleinen gelblich-weißen Blüten samt Wurzelteilen aus und tragen sie im Rucksack in einen alten sogenannten Troadkasten neben dem Bauernhaus. Dort werden sie auf Holzbalken ausgelegt

Und so sehen Seifen heute aus, rund und farbenfroh verströmen sie Düfte nach Granatapfel oder Sanddorn-Orange

Wikhart Teuffel, heutiger Geschäftsführer und Enkel des Gründers auf einem Messe-Stand der Firma

und unter regelmäßigem Wenden getrocknet.

Seit 2003 ist die Speick-Pflanze als kontrolliert biologische Wildsammlung zertifiziert. Die kontrollierte Entnahme schadet der Pflanze übrigens nicht, sondern fördert eher ihr Wachstum. Das haben Forschungen der Universität Wien ergeben. Das Abholen der getrockneten Speick-Pflanzen ist Chefsache. Wikhart Teuffel fährt jedes Jahr selbst nach Kärnten, auch um den Kontakt mit den Bauernfamilien zu pflegen, mit denen man schon über Generationen freundschaftlich verbunden ist.

Die Seifenproduktion im 21. Jahrhundert

Bei Speick Naturkosmetik wird dann aus den Pflanzen das Öl gewonnen, das überall enthalten ist, wo Speick draufsteht.

Zum Beispiel in der roten Seife, die ihre Farbe allerdings nicht von der Speick-Pflanze hat. Viel-

leicht hat sie der Firmengründer Walter Rau wegen des großen Wiedererkennungswerts gewählt, oder er hat als Anthroposoph und Goethe-Freund an den Farbenkreis in Goethes Farbenlehre gedacht, in dem Rot als „schön" und Orange als „edel" bezeichnet wird.

Das Seifensieden geschieht heute nach originalen Speick-Firmenrezepten in großen Kesseln bei der Firma Hirtler im südbadischen Heitersheim. Von dort wird die

Seife in Spänen nach Leinfelden-Echterdingen geliefert. Bei Speick Naturkosmetik entsteht dann das Endprodukt wie auch die anderen Körperpflege-Serien. Ein Unternehmen, das traditionell und mit seiner ökologischen Ausrichtung auch zukunftsweisend ist. 2013 konnte 85-jähriges Bestehen gefeiert werden. Mit den Kindern von Wikhart Teuffel steht die nächste Generation des Familienbetriebs mit um die 50 Beschäftigten bereit.

Das heutige Speickwerk in Leinfelden-Echterdingen

Zum 80-jährigen Jubiläum gab es übrigens für die gesamte Belegschaft einen Betriebsausflug in die Nockberge zu den Speick-Pflanzen und den Almbauern, die sie ernten. Ein Ausflug, der sich nicht nur für Speick-Mitarbeiter lohnt. Das Kärntner Seenland und die Nockberge sind immer eine Reise wert. Von Bad Kleinkirchheim aus kann man dann im Juli und August beispielsweise auf ausgesuchten Wanderwegen eine Tour am Speick vorbei zu diversen Speick-Hütten machen, dort Spezialitäten der Kärntner Küche genießen, die wandermüden Beine in Holztröge mit Speick-Fußbädern stecken und sich rundum wohlfühlen.

In solchen Hütten tut nach einer langen Wanderung ein Bad im Speickwasser wahre Wunder

Nähere Informationen

www.speick.de
www.nockberge.at

Familie Weeber und das Cannstatter Volksfest

Benny Ulmer

Das Cannstatter Volkfest ist das größte Volksfest in Baden-Württemberg. Jedes Jahr lassen vor allem regionale Schaustellerfamilien einen eigenen, kleinen Stadtteil entstehen. Die Weebers sind schon seit sieben Generationen Teil dieser Gemeinschaft.

Es ist wieder Ende September und das ist traditionell Volksfestzeit in Stuttgart und Umgebung. Der Sommer geht dem Ende zu, die letzten warmen Tage sind wie gemacht für einen Gang über den Wasen, wie das Fest nach dem Platz, auf dem es stattfindet, im Volksmund genannt wird. Diese sonst so große graue Fläche am Neckar hat sich im Laufe von nur einem Monat in einen lauten, bunten, kleinen, eigenen Mikrokosmos verwandelt, das Cannstatter Volksfest.

Es gehört zur Stadt, wie die *Wilhelma* oder der Fernsehturm und hat eine ebenso überregionale Strahlkraft. Generationen über Generationen pilgerten schon hierher, um sich für einen Tag, eine Nacht oder auch länger zu amüsieren. Dieses Fest war für das ganze Volk gedacht und so ist es bis heute auch geblieben.

Am 28. September 1818 wurde, auf Veranlassung des damaligen württembergischen Königs Wilhelm I., das erste Volksfest veranstaltet. Eine jährliche landwirtschaftliche Großveranstaltung sollte es sein, mit Messebetrieb, aber auch ein Fest, auf dem die hoffentlich erfolgreiche Ernte gebührend gefeiert werden konnte. Das erste Volksfest wurde ein voller Erfolg, von 30 000 Gästen und Teilnehmern wird berichtet – der Grundstein für ein neues Stuttgarter Großereignis war gelegt.

Die landwirtschaftliche Prägung blieb lange bestehen – auch heute noch wird alle vier Jahre das Landwirtschaftliche Hauptfest parallel zum Volksfest gefeiert – und erst 1860 wurde erstmals eine straßenähnliche Anordnung von Schaustellerbuden und Festzelten entlang einer Hauptstraße mit parallel laufenden Gassen erwähnt. Ein Bild, das uns heute so vertraut ist, so dass der ursprüngliche Gedanke der Feier der eingebrachten Ernte fast vergessen ist. Ein großer Unterschied zum Münchener Oktoberfest, das sich aus einer Hochzeitsfeier des bayerischen Herzogs entwickelt hat, ist, dass der Cannstatter Wasen Jung und Alt anzieht, um Buden und Fahrgeschäfte zu besuchen. So ist heute das Volksfest, das „größte Schaustellerfest der Welt". Schon Wochen vor dem offiziellen Beginn sind die ersten Schausteller mit ihren Wohnwägen, fahrbaren Buden und Fahrgeschäften auf dem Wasen und lassen so Stück für Stück, Tag für Tag eine eigene, kleine Stadt entstehen.

Die Schaustellerfamilie Weeber aus Eislingen bei Göppingen ist schon seit Jahrzehnten Teil dieses alljährlichen Schauspiels. Die Weebers sind beispielhaft für die von Familien geprägte Schaustellerbranche. Oberhaupt Ewald ist auf dem Volksfest groß geworden und in fünfter Generation auf den Märkten und Festen im Lande unterwegs. Seine Frau Gretel hat er sogar auf dem Wasen kennengelernt, sie stammt in dritter Generation ebenfalls aus einer Schaustellerfamilie. Die beiden Kinder Alexander und Melanie Weeber treten inzwischen in die Fußstapfen ihrer Eltern und haben mittlerweile die Verantwortung im Tagesgeschäft übernommen, wobei das nicht heißt, dass die Eltern nicht mehr tätig sind.

Vater Ewald sitzt noch immer bis zu 10 Stunden an der Kasse des eigenen Fahrgeschäftes *Miniscooter* und Mutter Gretel hilft der Tochter

Familie Weeber vor ihrem Süßigkeitenstand

Auch auf dem Volksfest geht es in schwindelerregende Höhen...

am Süßwarenstand aus und kümmert sich zudem um die Versorgung und den Haushalt der Wohnwägen, in denen die Familienmitglieder während des Volksfestes übernachten. Dass sie mit den zwei Fahrgeschäften – neben dem *Miniscooter* unterhält die Familie noch einen *Musik-Express* – und den Süßwarenständen zweigleisig fahren können, lässt eine gewisse Flexibilität zu, denn der Wasen hat sich im Laufe der Zeit verändert.

Für Ewald Weeber sind die Unterschiede zu früher eindeutig: „Früher war es schöner, familiärer, und es gab weniger Vorschriften. Die Leute haben sich auf den Wasen gefreut und wir konnten das auch spüren."

Es ist nicht von der Hand zu weisen, dass die Betreiber der großen Festzelte sich mittlerweile zu modernen Eventunternehmen entwickelt haben, die mit einer neuartigen Mischung aus Trachtenmode, traditioneller Wasengastronomie und Livemusik den Publikumsmagnet darstellen. Und dies hat natürlich Auswirkung auf die gesamte Struktur des Wasens. „Früher war

mein Autoscooter der Treffpunkt für die Jugendlichen. Und warum? Weil bei uns immer die neuste Musik lief! Musik war ja gar nicht so verfügbar wie heute", sagt Ewald Weeber.

Doch das sei nur die eine Seite, sind sich die beiden Geschwister einig. Ihrer Meinung nach ist das Volksfest immer noch ein Familienfest. Für jeden gibt es etwas und gerade deshalb kommt der Großvater mit seinem Enkel. Umso mehr zählten auch die kleinen Momente, so Alexander, seit Jahren

schon komme ein Vater mit seiner behinderten Tochter zu ihm. Wenn sie dann im *Express* sitzt und das Karussel an Schwung gewinnt, hört man nur noch ihr Lachen und merkt, wie sie für einen Moment den Alltag vergisst.

Und das ist der Cannstatter Wasen bis heute: der Teddy, der an der Schießbude gewonnen wurde, die riesengroße Zuckerwatte, das geschenkte Lebkuchenherz vom Liebsten.

Melanie und Alexander Weeber hätten den elterlichen Betrieb nicht übernehmen müssen, sagen die Eltern. Denn kein Jahr ist wie das andere, jedes Fest unterliegt Veränderungen, dazu gibt es meist Sieben-Tage-Wochen, keine geregelten Arbeitszeiten.

Beide Kinder haben eine Ausbildung in „ordentlichen" Berufen abgeschlossen, Alexander ist Kfz-Mechaniker, Melanie hat BWL studiert und damit die Möglichkeit gehabt, in der freien Wirtschaft zu arbeiten. „Aber ich wollte immer zurück!", sagt Melanie Weeber. 2003 ist sie miteingestiegen, kümmert sich seitdem um die Süßwa-

... oder man wagt ein Tänzchen mit einem rosaroten Oktopus

s Karussell

von Sebastian Blau

Sprenget, Buabe', laufet, schnell:
Etzet fahre' mr Karussell!

Gucket nao, wias glanzt ond glitzt,
fonklet, spiaglet, blenkt und blitzt!

Seahnet r dia Gäule' trabbe'?
Schemmel, Schecke', Füchs ond Rappe',

älle biaget vooler Stolz
d Häls, ond send doch navo' Holz.

Auf etz, nuf, ond d Kreuzer raus!
Obacht, Kender, etz gohts laos –

Zaerst em Schritt ond noh em Trabb
(do verliert oa'r schao' sei' Kapp …)

Rappe', Schemmel, Füchs ond Schecke',
älle sprenget aohne Stecke'.

D Orgel dudlet, d Buabe' lachet,
d Mädle' grillet, d Britter krachet,

s dreht se älls em Krengel rom,
s wurd oam durmelig ond domm.

Bis dr Karussellma' schellt,
ond es Gäule wieder hält.

Noh isch aus, ond noch me' Weile
hockt e'-n-Andrer uf deim Gäule …

Mit freundlicher Genehmigung der Stadt Rottenburg am Neckar

ren und die Buchhaltung. Bruder Alexander hingegen bringt durch seine Ausbildung alle Voraussetzungen mit, an den beiden Fahrgeschäften zu arbeiten. Dieser familiäre Zusammenhalt ist auch die Basis der Firma Weeber. Vater Ewald gibt dann auch mit einer gewissen Zufriedenheit zu, dass es für ihn nichts Schöneres gibt, als dass seine Kinder in seine Fußstapfen getreten sind.

Doch jetzt ist erst einmal wieder Volksfestzeit, Höhepunkt des Jahres – nicht nur für die Stuttgarter, sondern auch für die Weebers.

Nähere Informationen
www.cannstatter-volksfest.de

Benzin im Blut

Die Rennfahrerlegende Hans Herrmann

Wolfgang Walker

Er ist gebürtiger Stuttgarter und wuchs mitten in der Stadt, in der Hauptstätter Straße auf. Seine Mutter betrieb dort ein Caféhaus. Schon als 10-jähriger träumte er davon, Autorennfahrer zu werden. Seine Vorbilder waren Rudolf Caracciola und Bernd Rosemeyer. Sein erster Rennwagen war ein Modellauto, ein Mercedes. Mit dem trat er gegen seine Spielkameraden an. Die kleinen Flitzer ließen sie den Stuttgarter Bopser hinuntersausen. Hans Herrmann, damals schon ein schlauer Fuchs, füllte sein Wägelchen mit Blei. Das machte den Wagen schwerer und damit bergab schneller.

Auf die Schule folgte nicht gleich der Motorsport, sondern eine Konditorlehre. Die absolvierte Hans Herrmann in erster Linie, um nicht zum Militär einrücken zu müssen. Leider blieb ihm das trotzdem nicht erspart. Später führte er das Café seiner Mutter und einen weiteren Gastronomiebetrieb, den sie zusammen eröffnet hatten.

Schließlich benötigte er ja Geld für seine große Autoleidenschaft. Für seinen Führerschein brauchte Hans Herrmann nicht einmal 5 Fahrstunden. Wenn er mit der Straßenbahn zu seinem Fahrlehrer fuhr, hatte er, wie damals üblich, das Benzin für die Fahrstunde in einer Kanne dabei. Sein erstes Auto bekam er im Jahr 1946. Es hatte 0,8 l Hubraum und 20 PS. Die nächsten waren bereits flotter. Hans Herrmann wurde Mitglied im Motorsportclub Stuttgart.

Seine Rennfahrerkarriere begann 1952 ganz bescheiden bei der hessischen Winternachtsfahrt in einem Porsche 356 A 500. Da startete man ab 24 Uhr bei Eis und Schnee. Sein Beifahrer hatte genauso wenig Ahnung von der Strecke und den Orten der Wertungsprüfungen wie er. Deshalb haben sie sich ganz schön verfahren. Solche Starts bei Zuverlässigkeitsfahrten, wie Rallyes damals hießen, waren wichtig. Denn mit einer bestimmten Anzahl von vorderen

Plätzen bei solchen Veranstaltungen konnte man die Lizenz für internationale Rennen erwerben.

Und so kam dann Hans Herrmann 1953 zu ersten Auslandseinsätzen. Bei der *Mille Miglia* in Italien wurde er auf Porsche Klassensieger genau so wie beim 24 Stunden Rennen von Le Mans in einem Porsche 550 *Spyder*. Dann lockte Mercedes, das mit den legendären Silberpfeilen wieder in die Formel 1 einsteigen wollte, mit einem Vertrag. Neben Juan Manuel Fangio und Karl Kling in den schnellen silbernen Flitzern zu fahren, das war wie ein Sechser im Lotto. Doch Hans Herrmann hatte Ferry Porsche per Handschlag versprochen auch 1954 für ihn zu fahren. Und da solche Handschlag-Absprachen bei Porsche wie schriftliche Verträge waren und Hans Herrmann sein einmal gegebenes Ehrenwort nie brechen würde, konnte er keinen Exklusiv-Vertrag für die Marke mit dem Stern unterschreiben. Mercedes und Porsche einigten sich dann auf einen Kompromiss. Für Porsche fuhr Hans Herrmann 1954 Sportwagenrennen und für Mercedes in der Formel 1.

Während er beim *Grand Prix* von Frankreich in Reims im Mercedes die schnellste Runde fuhr, wäre er im Porsche bei der *Mille Miglia* um ein Haar ganz schnell im Rennfahrerhimmel gelandet. Schon beim Training hatten sein Beifahrer Herbert Linge und er die unterschiedliche Beschaffenheit der vielen Bahnübergänge an der Strecke registriert. Da gab es welche, da ragten die Schienen gefährlich heraus. Eine schnelle Überfahrt würde ziemlich sicher die Ölwanne aufreißen und zum Ausfall oder gar Unfall führen. Also versah Herbert

Ein Porsche 550 Spyder, wie ihn auch Hans Herrmann fuhr

Linge die Übergänge in seinen Streckenaufzeichnungen, unter Rennfahrern *Gebetbuch* genannt, mit entsprechenden Empfehlungen. Das Rennen lief, Hans Herrmann und Herbert Linge fuhren durch hügeliges Gelände. Herbert Linge studierte sein Gebetbuch und gab Zeichen: rechts Bahnübergang – gut. Hans Herrmann kam mit 160, 170 km/h um die Kurve und die Schranke war geschlossen. Davor stand ein Streckenfunktionär und wedelte mit einer roten Flagge. Der hätte eigentlich 250 m vor der Schranke stehen sollen, damit noch ein Bremsmanöver möglich gewesen wäre. Hans Herrmann sah keinen Zug, schloss blitzschnell, bremsen war nicht mehr möglich, ausweichen würde zu einem schweren Unfall führen, also schlug er Herbert Linge kurz auf den Helm, der duckte sich geistesgegenwärtig, auch Hans Herrmann zog den Kopf ein und schoss mit Vollgas unter der Schranke durch. Gottseidank war der Porsche 550 *Spyder*, in dem sie unterwegs waren, sehr nieder und hatte nur eine flache kleine Windschutzscheibe. Selbst die blieb bei dem waghalsigen Manöver heil. In dem Moment, in dem sie die Schranke unterquerten, kam der Zug und verfehlte sie denkbar knapp. Zehn Minuten herrschte danach absolute Ruhe im Wagen, erinnert sich Hans Herrmann noch heute, erst dann ließ der Schreck langsam nach. Die Szene ging durch die Presse, sorgte für großes Aufsehen, wurde auf Gemälden verewigt und von einem Motorsportfan sogar als Modell in einem Schuhkarton nachgebaut. Gemälde und Modell sind übrigens neben anderen Exponaten in einer Hans-Herrmann-Ausstellung in der Mo-

Hans Herrmann – Rennfahrer aus Leidenschaft

torworld auf dem Böblinger Flugfeld zu bewundern. Hans Herrmann wurde nach dem Italienerlebnis zum „Hans im Glück".

Doch schon ein Jahr später beim Abschlusstraining für den Großen Preis von Europa in Monaco bekam die Glückssträhne einen großen Riss. Der Kurs in Monte Carlo verlangte präzises Fahren auf den Zentimeter. Überholen auf der Strecke war fast unmöglich. Deshalb wollten alle beim Start möglichst weit vorne stehen. Hans Herrmann gab ordentlich Gas, um noch ein paar Startplätze gut zu

machen. Beim Anbremsen in die Tabakkurve am Meer merkte er, dass das Auto nicht in der Spur blieb. Eigentlich hätte er jetzt die Box ansteuern müssen. Doch er fuhr weiter hoch zum *Hotel de Paris*. Beim Bremsen vor einer leichten Linkskurve blockierte ein Rad, der Wagen war nicht mehr zu halten und bohrte sich in eine Steinmauer gegenüber dem Hotel. Innerhalb von vier Metern war das Auto von 170 km/h auf 0. Da die Tanks damals noch nicht abgeschottet waren, fingen die Rennwagen leicht Feuer. Deshalb war der

erste Gedanke des Fahrers bei einem
Unfall: nichts wie raus und weg
vom Wagen. Doch Hans Herrmann
konnte nicht mehr aussteigen. Er
ließ sich aus dem Wagen fallen und
versuchte, davon zu kriechen. Doch
der Schmerz holte ihn ein. Mit
Brüchen von Brust- und Lenden-
wirbel, Kreuz- und Steißbein,
Hüftluxation und gesplitterter
Hüftgelenkpfanne beginnt für
Hans Herrmann eine Zeit in Kran-
kenhäusern. Er erholt sich langsam
von seinen Verletzungen, lernt wieder laufen und möchte endlich auch
wieder Rennen fahren.

Doch sein Arbeitgeber Mercedes zieht sich nach einem schweren
Unfall in Le Mans aus dem Motorsport zurück. Hans Herrmann
sucht sich andere Rennteams und
fährt in den nächsten Jahren auf
allen gängigen Rennwagentypen.
Er ist erfolgreich auf Rennstrecken
in Europa, in den USA und in
Südamerika unterwegs. Besonders gut kennt er natürlich die
deutschen Traditionsstrecken wie
den Nürburg- und Hockenheim-
ring, die Stuttgarter Solitude und
die Berliner Avus. Auf der *Avus*
hatte er 1959 seinen wohl spekta-
kulärsten Unfall. Er fuhr im Team
von Stirling Moss einen BRM F1.
Das war ein schnelles Auto mit
guten Bremsen, erinnert er sich. Im
zweiten Lauf bei der Anfahrt zur
Südkehre passierte es. Mit Höchst-

geschwindigkeit von über 280 km/h
schießt er auf die Kehre zu, steigt
in die Eisen, um auf etwa 60 km/h
in der Kehre herunter zu bremsen.
Doch das Bremspedal fällt einfach
durch. Das gab dem Wagen quasi
nochmal einen Schub. Was tun?
Ausweichen wäre vielleicht noch
möglich gewesen, doch da standen
viele Zuschauer. Hans Herrmann
steuerte den Wagen ungebremst auf
die Strohballen, in der Hoffnung,
die würden den Aufprall dämpfen.
Doch es hatte am Tag davor stark
geregnet und die Ballen waren nass.
Nach dem Aufprall wurde der Wagen 12 Meter hochkatapultiert, flog
70 Meter durch die Luft, es gab
1 ½ – 2 Überschläge, Hans Herrmann sah abwechselnd Himmel
und Straße, wurde rausgeschleudert
– damals gab es noch keine Gurte –
und landete 130 Meter vom Aufprall weg auf der Strecke. Er be-
fürchtete, dass das Auto, das sich
mit abgesprungenem Rad in seine
Einzelteile aufzulösen schien, in
seinem Kreuz landen könnte, doch
der BRM war glücklicherweise vor
ihm. Wenn er die Szene schildert,
scheint es, als würde er das alles
noch einmal erleben. „Ich hatte echt

Herrmann 1970 in Le Mans

Angst“, erzählt er, „und hab' gedacht, jetzt stirbst du hier in Berlin,
wo es so hübsche Mädchen hat.“
Er stand auf und versuchte wegzu-
gehen. Nach ein paar Schritten kam
jedoch der Schock, die Beine ver-
sagten und er fiel hin. Doch diesmal
war er ein echter Hans im Glück.
Außer ein paar Schürfwunden und
einem gehörigen Schrecken trug er
nichts davon.

Leider hatten nicht alle seine
Rennfahrer-Kollegen so viel Glück.
Es gab ja auch kaum Sicherheits-
vorkehrungen wie Auslaufzonen
bei den Rennen. Mit Poloshirt und
einem Helm, der mehr Zier als
Schutz war, saßen die Fahrer nicht
angegurtet in ihren Boliden. Die
Zahl der tödlich verunglückten
Rennfahrer wuchs leider von Jahr
zu Jahr. Bei jedem Start fragte sich
Hans Herrmann, wen erwischt es

Der Avus-Unfall: Hans Herrmann neben dem sich überschlagenden BRM F1

heute, den rechts oder links, den vor oder hinter mir? Bei aller Rivalität pflegte man Kameradschaft und hatte Respekt voreinander. Erfahrene Fahrer gaben Neulingen Ratschläge und Tipps. Juan Manuel Fangio, schwärmt Hans Herrmann, hatte Charisma und war ein feiner, nobler Kerl. Trauer um verlorene Rennkameraden, ein wachsendes Risikobewusstsein und die Verantwortung für seine Familie beschäftigten Hans Herrmann.

1962 hatte er geheiratet, 1965 wurde Sohn Dino geboren, an dessen Namen Dino Ferrari, der Sohn Enzo Ferraris, nicht ganz unschuldig war. 1969 kam der zweite Sohn Kai. Seine Söhne sollten keine Rennfahrer werden. Das stand für Hans Herrmann von Anfang an fest. Dino z. B. hat Musik studiert, lebt in Los Angeles und arbeitet für den Film.

Ende der 1960er Jahre kam Hans Herrmann immer mehr ins Grübeln über seinen gefährlichen Beruf. Seine Frau bestärkte ihn in seinem Zweifel. Einmal gab sie einem Rennmonteur einen Zettel mit, auf dem sein kleiner Sohn mit der von der Mutter geführten, zittrigen Hand geschrieben hatte:

Eine zeitgenössische Zeichnung von Hans Herrmanns Bahnschranken-unterquerung bei der Mille Miglia

„Papa, fahr langsam." Den Zettel bekam Hans Herrmann dann kurz vor dem Start. Und das beruflich geforderte Schnellfahren fiel ihm daraufhin nicht gerade leicht. 1969 wurde er auf Porsche 908 bei den 24 Stunden von Le Mans zweiter mit nur 1,5 Sekunden Rückstand auf Jacky Ickx. Als er 1970 wieder nach Le Mans aufbrach, fragte ihn seine Frau, ob er nach einem Sieg aufhören würde und er versprach, es am Ende der Saison zu tun. Er hatte da allerdings schon vorher für sich beschlossen, den Rennsport an den Nagel zu hängen. Er siegte und zog sich, wie versprochen, vom Rennsport zurück.

„Ab 1970 musste ich dann arbeiten", meint er schmunzelnd. Zuerst wollte er in Stuttgart ein Hotel eröffnen, das scheiterte aber an mangelnden Parkplätzen. Er gründete dann die Hans-Herrmann-Autotechnik, die er über viele Jahre erfolgreich führte. Heute tritt er ein bisschen kürzer, ist aber immer noch gern gesehener Gast auf Auto-Classic-Veranstaltungen und nach wie vor begeisterter und leidenschaftlicher Autofahrer. Dabei ist er mit 86 in einem Alter, in dem mancher überlegt, seinen Führerschein zurückzugeben. „Des dät mr noch fehle", kommentiert er fast erschrocken ein solches Ansinnen.

Nähere Informationen
www.motorworld.de/stuttgart/
www.porsche.com/museum
www.mercedes-benz-classic.com/¬
content/classic/mpc/mpc_classic_ ¬
website/de/mpc_home/mbc/home/ ¬
museum/home.flash.html

Herrmann beim Grand Prix von Frankreich

10 Jahre Württembergische Grillschule in Urbach

Jörg Holzwarth

Selten sind Schüler so Feuer und Flamme wie bei einem Grillkurs der 1. Württembergischen Grillschule in Urbach, aber hier glüht eben echte Kohle, es raucht der Schlot vom Smoker und es dampft unterm Deckel der Grillschale. Hier duftet es lecker nach gebratenem Fleisch und nach gegrilltem Gemüse – und das Beste: Zum Schluss darf alles auch noch von den Kursteilnehmern aufgegessen werden.

Ob ganzes Göckele oder ordentliches Steak: Grillen ist nicht Glücksache, sondern kommt wie immer beim Kochen in erster Linie vom Können. Dass hier viel Informationsbedarf besteht, beweist der Erfolg der Grillakademie. Die Kurse sind oft ein halbes Jahr vorher schon ausgebucht. Begonnen hat alles vor 10 Jahren auf dem Gelände der ehemaligen Karl Hornschuch AG in der Gemeinde Urbach im Remstal. Dass in den Räumlichkeiten einer ehemaligen Spinnerei nun plötzlich gegrillt werden soll, wurde von einigen Nachbarn tatsächlich als „spinnert" abgetan, erinnert sich Ebbo Christ, Gründer der Urbacher Grillschule. Heute sucht der gelernte Landschaftsgärtner händeringend Grillexperten, die den Leuten den richtigen Umgang mit Feuer und Flamme beibringen, denn alleine ist für Ebbo Christ die Nachfrage nach Kursen nicht mehr zu bewältigen.

Zu den Klassikern der Urbacher Grillschule gehören Fortbildungen wie „Das perfekte Steak", „Ameri-kanisches Barbecue", „Grillen mit Holzkohle" oder – für Leute, die sich nicht entscheiden können – „Von ällem Ebbes". Letzteres ist der absolute Renner in Urbach. Ebbo Christ führt dies auch auf den griffigen Titel der Veranstaltung zurück, den er, als gebürtiger Westfale und mittlerweile des Schwäbischen mächtig, selber erfunden hat. Rund um sein Fachgeschäft für Grillbedarf, die *Grillworld*, ist ein wunderbarer Privat-Park entstanden mit Teichen, Blumenbeeten, lauschigen Ecken und natürlich vielen Grillstellen.

Abends, bei schlechtem Wetter oder in der kalten Jahreszeit kann man in die alte Turnhalle von Urbach ausweichen: ein gemütlicher und geräumiger Holzbau auf dem Grill-Areal, den Grillmeister Ebbo Christ gerne als sein „Barbe-cue-Stüble" bezeichnet. Hier wird zum Kurs für die 20 Teilnehmerinnen und Teilnehmer eine Tafel stilvoll gedeckt – Grillen ist in Urbach keine hemdsärmelige Angelegenheit, sondern hat auch etwas mit Tischkultur zu tun, was besonders den weiblichen Teilnehmerinnen gefällt, wie Ebbo Christ augenzwinkernd zu berichten weiß. Die Menükarte lässt das Wasser im Mund zusammenlaufen: Pizza und Brot, Pflaumen im Speckmantel, Grillgemüse, Lachs vom Grill, ein Rinderhüftsteak und gefüllte Blätterteigtaschen.

Das sechsgängige Menü wird gemeinsam zubereitet im Kurs „Von ällem Ebbes" – und „älles" schmeckt! Vier bis fünf Stunden muss man mitbringen – und circa 90 Euro. Doch nach der ersten Begeisterung kommen fragende Blicke: Schaffen wir das alles an einem Grillabend? Ebbo Christ wirkt da beruhigend mit seinem westfälischen Temperament , und das heißt für die Teilnehmer: In

Die erste württembergische Grillschule befindet sich in Urbach

kleinen Gruppen eins nach dem anderen zubereiten. Zum Beispiel gegrillte Ananas. Sie harmoniert auf wunderbare Weise mit dem Lachs vom Rost!

Während die einen also Obst oder Gemüse schnippeln und die anderen Lachs filettieren, klingen vor der Tür im Garten die Sektgläser: *Happy Birthday!* Der Besuch der Grillschule ist ein beliebtes Geschenk. Hier können auch die Schenkenden partizipieren – als Mitgriller und Mitesser. „Ein Stück weit Eigennutz ist dabei", verrät eine hübsche Mitzwanzigerin, die mit ihrer kompletten Bürogemeinschaft zum Grillen von Göppingen nach Urbach gereist ist. Unabhängig davon gibt es im Kurs gleich noch ein zweites Geburtstagskind, das hier in der alten Turnhalle seinen 40. feiert.

Wann ist der Lachs nun eigentlich durch? Wenn das Eiweiß aus den Poren quillt, verrät Ebbo Christ. Das kann man leicht durch Einstechen mit dem Messer überprüfen. Noch ein paar Streifen Balsamico zur Verzierung, eine Salatgarnitur, frischen Ingwer und dazu – wie erwähnt – die Ananas vom Grill!

Ein Smoker im vollen Einsatz – da schmeckt es gleich doppelt so gut

Auf die Frage „Wie schmeckts?" fällt einer jungen Blondine ein: „Des isch der erste Lachs, den ich grill – und deswegen isch er au der Beschte!"

Dem gegenüber steht ein Grill-Experte im reiferen Alter, der in einer Saison in Urbach schon sechs verschiedene Kurse besucht hat. Das Fachsimpeln und Rezepte tauschen zwischen den Gängen bei einem Glas Wein oder einem anderen Getränk sorgt schnell für gute Stimmung: Grillen ist ein generationsübergreifendes Phänomen!

Grillen, Anrichten, Essen und dann wieder Grillen – so geht das hier in einem fort. Nun kommt endlich das von vielen heiß erwartete Göckele auf der Bierdose bzw. der ihr nachempfundene Halterung. So hat man im amerikanischen Westen aus einer Laune heraus ein besonders saftiges Grillhuhn entwickelt. Aber der Geschmack muss nicht nur vom Bier kommen – in die Dose kann man auch Apfel-, Zitronen- oder Limettenschnitten packen. Lecker! Und zwischendurch immer wieder Erinnerungsfotos mit dem Handy für Facebook und Co. Die Glasur für das Hähnchen wird im Kurs übrigens selber hergestellt – dazu reicht man dann Grillgemüse, bestehend aus Zucchini, Zwiebeln und Paprika.

Je später der Abend, desto gelungener die Steaks. Die gekreuzten Grillstreifen auf dem Fleisch nennt der Fachmann *Branding*. Die gibt's aber nur, wenn man das Fleisch gleichmäßig auflegt und alle zwei Minuten wendet.

Rund 3000 Grillbegeisterte im Jahr lernen mittlerweile rund um das *Barbecue-Stüble* richtig Grillen. Und kommen häufig wieder – auch weil es in der Grillschule so gut schmeckt. Erstklassige Zutaten sind die Voraussetzung für den Erfolg am Grill, sagt Ebbo Christ, der nebenbei als Geschäftsführer der *German Barbecue Association* auch die Deutschen Grillmeisterschaften organisiert. Bleibt zu hoffen, dass von den Besuchen in Urbach kein „Urbauch" übrig bleibt.

Nähere Informationen

www.grillacademy.de
Tel.: 07181 / 8 84 90 00
Mo.–Fr. 14–19 Uhr
und Sa. 10–16 Uhr
Termine nach Vereinbarung

German Barbecue Association e. V.
www.gbaev.de

Manager-Krankheit

Wie hinter fortgewehten Hüten,
so jagen wir Terminen nach.
Vor lauter Hast und Arbeitswüten
liegt unser Innenleben brach.

Wir tragen Stoppuhr'n in den Westen
und gurgeln abends mit Kaffee.
Wir hetzen von Geschäft zu Festen
und denken stets im Exposé.

Wir rechnen in der Arbeitspause
und rauchen 15 pro Termin.
Wir kommen meistens nur nach Hause,
um frische Wäsche anzuziehn.

Wir sind tagaus tagein im Traben
und sitzen kaum beim Essen still.
Wir merken, dass wir Herzen haben,
erst, wenn die Pumpe nicht mehr will!

Sammlung Wolfgang Walker

Am Ende gelingt der Lachs saftig und butterweich, gegrillt und mit feinem Raucharoma

Die prachtvoll behaarten Herren vom schwäbischen Bart-und Schnauzerclub

Helmut Engisch

Die Berliner Barden *Schobert & Black* trällerten die haarige Sache in den frühen 1970er Jahren gutgelaunt auf den Punkt: „Welches Glück, so durchs Leben zu gehen bartgeschmückt". Und ihre humorvolle Hymne auf die männliche Gesichtszier, die sie sinnigerweise mit der Ouvertüre zur Rossini-Oper Der Barbier von Sevilla verwoben, ließ keinen Zweifel an der persönlichen Vorliebe der beiden Sangesbrüder: „Es lebe der Vollbart!" Der Präsident des Schwäbischen Bart- und Schnauzerclubs Schömberg e. V. mag dieser Parole allerdings nicht vorbehaltlos zustimmen. Zwar schmückt auch ihn ein prachtvolles Exemplar aus der Familie der Vollbärte, Untergruppe *Monte Verdi*, doch sieht sich Vereinsboss Bross von Ehrenamts wegen zur Geschmackstoleranz verpflichtet. Was dem einen sein

Vollbart, das ist dem anderen sein Schnauzer.

Dieses Bekenntnis zur Toleranz hat seinen guten Grund, denn immerhin sind seine mehr oder weniger üppig bewachsenen Klub-Brüder in vielerlei Bart-Sparten erfolgreich. Etwa in der Schnauzbart-Kategorie *Dali*, die diesen Namen sehr zu Recht trägt, denn ein Träger dieses Oberlippenbarts mit steil augenwärts getrimmten Spitzen darf ohne weiteres als Doppelgänger des berühmten Surrealisten durchgehen. Wie der aus Grosselfingen stammende Joachim Ott, der in selbiger Kategorie im Jahr 2009 den Weltmeistertitel errang. Überhaupt darf der Klub der Schömberger Schönbärte mit Fug und Recht als eine Vereinigung der Spitzenkräfte des aktiven Bartkults gelten, denn kaum einer der geselligen Vereinskameraden ist

ohne einen Titel. So dürfen sich beim *Schömberger Bart- und Schnauzerclub e. V.* neben deutschen Meistern und Europameistern auch etliche Weltmeister selbstbewusst die Bärte streichen. Und wenn die schönbehaarten Herren von einer Meisterschaft heimkehren, dann haben sie allemal eine eindrucksvolle Sammlung von silbernen und goldenen Pokalen im Reisegepäck. Da versteht es sich fast von selbst, dass die Wandregale im kleinen Vereinsbüro des Klubpräsidenten Bross sich nicht nur vom ideellen Gewicht der Trophäen geradezu biegen. Und seinen ersten Weltmeistertitel hat er sich schon 1991, im Gründungsjahr des Vereins, geholt. Er wurde Sieger in der von ihm besonders favorisierten Kategorie *Monte Verdi*. Mit einem Bart also, den die Wettbewerbsregularien als „breit und voll und unten rund" beschreiben. Überdies wurde er damals gleich auch zum Welt-Champion aller Bart-Klassen gekürt. Keine Frage, dass er sich im Besitz solcher Lorbeeren begeistert dem Vereinsaufbau widmete.

Früh schon, mit flaumigen 16 Jahren, war Markus Bross wild entschlossen, den Rasierapparat aus seinem noch jungen Mannesleben zu verbannen. Er hat damals den Beruf des Metzgers gelernt in seinem beschaulichen Heimatstädtchen Schömberg am Fuß der Schwäbischen Alb und seinen Meister eines Tages vor eine klare Alternative gestellt: Bart oder Lehrstelle. Und als sich sein Patron endlich dazu durchgerungen hatte, die haarigen Extravaganzen seines Lehrlings zu tolerieren, da gab's im Elternhaus ernsthafte Scherereien. Mit dem fatalen Er-

Vollbart-Champions im Seebären-Outfit

gebnis, dass der Jüngling Markus nun doch wieder für einige Zeit allmorgendlich zum Rasierer griff. In jenen bewegten Jahren aber, als die politisch aufmüpfigen Studenten in Erinnerung an ihre Idole der 1848er-Revolution und aus Protest gegen die glattwangige Spießbürgergesellschaft ihr Barthaar frei und wild sprießen ließen, war Markus Bross' Angesicht längst wieder üppig bewachsen. Allerdings wollte er sein Faible für ein Leben mit Bart nie als ein Merkmal des gesellschaftspolitischen Avantgardisten verstanden wissen. Für ihn war und ist der Bart nicht mehr, doch keineswegs auch weniger als ein männliches Schönheitsattribut, das einen gewissen Hang zum Individualismus signalisiert. Und von ähnlicher Gemütslage sind auch die Vereinskameraden, die sich 1991 für seine Idee der Gründung einer schwäbischen Bartträgervereinigung begeisterten und beim neuen *Schwäbischen Bart- und Schnauzerclub Schömberg* Mitglied wurden. Gut 100 waren es zu den Zeiten des großen Aufschwungs, inzwischen allerdings gebricht es dem Klub zwar nicht an Vereinsfreunden mit berechtigten Weltmeister-Ambitionen, sondern – im wahrsten Sinn des Wortes – eher am Nachwuchs. Was der ausgeprägten Geselligkeitskultur im Verein gleichwohl keinerlei Abbruch tut.

Spitzengewächs: Schnauzbart „Dali"

Ein Mal in jedem Monat treffen sich die organisierten Bartbegeisterten der Region zwischen Neckar und Heuberg, Alb und Schwarzwald in einem der Schömberger Wirtshäuser zum „Bapftra". Diese originelle Wortschöpfung ist die Abkürzung für den „Bartpflegetrainingsabend", der auch im Blick auf die jeweils anstehenden Schönheitswettbewerbe seinen Sinn hat. Denn beim „Bapftra" klingen nicht nur die Gläser, es klappern dabei auch die Scheren und individuell entwickelte Tipps und Kniffe zur Steigerung der Bart-Ästhetik werden unter den Vereinskameraden ausgetauscht. Inspiriert wird bei diesen Treffs über die Einsatzmöglichkeiten der unterschiedlichen Haarsprays debattiert, werden die Vor- und Nachteile der ungarischen oder der bayrischen Bartwichse erörtert und auch andere haarfestigkeitsstabilisierende Substanzen auf ihre Tauglichkeit getestet. „Weil jeder", weiß Markus Bross, „hat da so seine eigenen Kniffe und Tricks". Schließlich ist es sehr wohl eine Kunst, einen Schnauzbart der Kategorie *Englisch* oder *Ungarisch* in seiner beiderseits der Nasenspitze weit ausladenden Gestalt der

Siegesstolze Bartträger: zwei Musketiere und ein Schnauzbart-Preuße

gern wie ihre aus den Mantel- und Degenfilmen wohlbekannten Vorbilder. Die Liebhaber des kaiserlichen Schnauzers wiederum geben sich mit Vorliebe preußisch-zackig und krönen ihre stramme Erscheinung gewöhnlich mit einer Pickelhaube. Wogegen sich Vollbartträger mit Vorliebe als wettergegerbte Weltumsegler stilisieren und in Seefahrermontur auftreten. Was die Juroren gleichwohl in ihrem Urteil keineswegs beeinflussen darf, denn für ihr Urteil ist einzig und allein die Beschaffenheit des Bartes ausschlaggebend.

Eine ganz besondere Disziplin in jeder Bart-Kategorie ist der *Freistil*. Es ist jene Spielart der Bartdressur, bei der die Phantasie sich rund ums Männerkinn ganz und gar ungebremst austoben darf.

Schwerkraft trotzen zu lassen. Doch mit der entsprechenden Menge Barthaarfestiger lässt sich auch ein Schnurrbart von geradezu aufsehenerregender Spannweite dressieren. Beim Schnauzbart der Wettbewerbskategorie *Chinese* dagegen sind solcherlei Anwendungen weniger wichtig, denn der darf und soll sich beiderseits der Mundwinkel willig den Gesetzen der Schwerkraft fügen. So eben, wie es die Wettbewerbsregeln vorschreiben. Und diese Regeln sind heilig. Deshalb wird beim „Bapftra" immer wieder auch vor den Gefahren des „Bart-Doping" gewarnt, bei dem der natürlichen Fülle des Eigengewächses mit Fremdhaar aufgeholfen wird. Was natürlich allgemein verpönt ist und überdies als schwerer Regelverstoß gilt, der bei Wettbewerben gewöhnlich mittels einer hinreichenden Portion Shampoo aufgedeckt und gnadenlos mit der Disqualifikation geahndet wird.

Sehr wohl erlaubt allerdings ist es, sich bei den Schönheitskonkurrenzen der Bärtigen über die Mühen der Bartgestaltung hinaus um

die gesamtpersönliche Attraktivität zu bemühen. Deshalb präsentieren sich die Bewerber um einen Titel in der Bart-Kategorie *Musketier*

Vereinsboss Bross mit Bartträgertasse

So kommt es dabei zu Kreationen, bei denen die Bewunderer der haarigen Modulierkünste einigermaßen verblüfft ein Haargebilde bestaunen dürfen, das einem Paar mächtiger Büffelhörner gleicht, welches allerdings nicht beiderseits der Stirnpartie seinen Ausgang nimmt, sondern beiderseits der Mundwinkel. Ein erfolgsverwöhnter Meister dieser Kategorie ist der Bart-Artist Elmar Weisser aus Brigachtal bei Villingen, der seinen Kreationen neben der notwendigen Menge an stützenden Ingredienzien stets auch eine gute Portion Humor beimischt. So hat er für einen Wettbewerb der Bartträger im Jahr 2005 in Berlin seine angegraute Gesichtszier kunstvoll so getrimmt, dass sich seine Bartsträhnen zu einer haarigen Nachbildung des Brandenburger Tors vereinigten. Und hat mit dieser Schöpfung zu Recht einen Meistertitel errungen.

Mindestens so bewegend wie die Anerkennung durch kundige Juroren ist für die organisierten

Freistil-Kunstwerk mit Brandenburger Tor

Schömberger Prachtbartträger aber die spontane Bewunderung der männlichen Anmut bei ihren öffentlichen Auftritten. So brandet, wenn die Herren im schmucken rot-weißen Klub-Dress etwa im Cannstatter Volksfestumzug marschieren, am Straßenrand prompt Beifall auf ob der wohlgewachsenen Manneszier. Und vor allem jene Hälfte der menschlichen Spezies, die naturgemäß auf den haarigen Gesichtsschmuck verzichten muss, zeigt sich üblicherweise besonders angetan von den bartgeschmückten Mannsbildern. Was denen des Öfteren auch ein herzhaftes Küsschen von zarten Damenlippen einbringt. In solchen Momenten dürfen dann auch strengstens getrimmte Schnauzbartspitzen freudig erzittern.

Nähere Informationen
www.bartclub-schoemberg.de

Weltmeisterschaft der Bartträger in Leogang
vom 2.–4. Oktober 2015
www.saalfelden-leogang.com

Sympathieträger Bart: ein Küsschen in Ehren...

Ein Chor in Bewegung

Die A-Cappella Ladies aus Kornwestheim

Wolfgang Walker

Im *Gsangverei* von Sebastian Blau war das Singen im Chor noch reine Männersache. Mit zittrigen Schnurrbärten und wackelnden Bäuchen juchzten da die Herren der Schöpfung mit sperrangelweit aufgesperrten Mäulern, unsicher in der Höhe und brummelig im Bass bei allen örtlichen Feierlichkeiten von der Taufe über die Hochzeit bis zur Beerdigung. Doch das ist Chormusik von gestern. Um heute Sangesfreudige zu locken, muss man mehr bieten als die klassische Singstunde mit feuchtfröhlichem Ausklang. Auch die Redensart „mein lieber Herr Gesangverein" ist längst überholt. Chorgesang ist natürlich ebenso Frauensache und das nicht nur in Kirchenchören. Ein gutes Beispiel dafür sind die A-Cappella Ladies, die sich 2007 vor den Toren Stuttgarts zwischen Kornwestheim und Remseck gegründet haben. Die Chorleiterin und Dirigentin war oft in Amerika, hat dort auch ein Jahr gelebt und dabei die Barbershop-Musik kennen- und lieben gelernt. Das ist ein original amerikanischer Musikstil, der Ende des 19. Jahrhunderts eher zufällig beim Barbier oder Friseur, englisch Barber, entstand. Dort summte einer der wartenden Männer einen Schlager, den er im Ohr hatte. Ein anderer improvisierte den Bass dazu, ein dritter steuerte Verzierungen mit einer hohen Stimme bei und ein Bariton komplettierte das Ganze harmonisch. Daraus entstanden zuerst Barbershop-Quartette, dann Chöre, die anfangs ausschließlich aus Männern bestanden. Später entdeckten dann auch die Frauen diese Musik für sich und pflegten den immer vierstimmigen Barbershop-Gesang. Die Stimmlagen blieben allerdings mit Tenor, der Führungsstimme Lead, Bariton und Bass männlich. Für einen solchen Chor suchte die Dirigentin und Leiterin der A-Cappella Ladies Sängerinnen. Die örtliche Presse half ihr dabei mit einem Aufruf und spontan meldeten sich 16 Frauen. Inzwischen sind es 28 zwischen 20 und 60 Jahren, die sich mit Leib und Seele der Barbershop-Musik verschrieben haben. Denn genauso wichtig wie die Stimme sind Mimik und Bewegung bei dieser Musik. Die Texte beschreiben meist Alltagssituationen und werden zur leichteren Verständlichkeit pantomimisch umrahmt. Standen die Sangesbrüder bei Sebastian Blau noch „uf me' Haufe"', so ist bei den A-Cappella Ladies Action angesagt.

Die erlebt man besonders anschaulich bei einer ihren Proben im Bürgerzentrum Pattonville. Da glaubt man zuerst einmal in der falschen Veranstaltung zu sein. Denn die Chorprobe ähnelt zunächst stark einer Gymnastikstunde. 24 Sängerinnen sind da. Zusammen mit ihrer Dirigentin bilden sie einen Kreis und beginnen mit dem Warming up. Da gibt es Tanz- und Ausfallschritte, Arme und Hände werden geschwungen, Spannung durch ruckartiges Hochreißen der Arme aufgebaut, der Kopf geht nach unten mit Blick unter die Achsel, es folgt lautes, stoßweißes Ausatmen, danach eine freundliche Begrüßung der jeweiligen Kreisnachbarin. Zum Musiktitel New York, New York von CD klopfen sich die Sängerinnen gegenseitig von der Schulter den Rücken abwärts bis zu den Füßen ab. Dazu gibt es Schultermassage, was alle sichtbar genießen. Dann folgt das Einsingen mit Gähnen, die Tonleiter rauf und runter, mit auf- und abschwellendem Ton auf i und a, dann wird singend auf englisch gezählt, dazwischen geklatscht, me-

Die A-Cappella-Ladies bei einem ihrer vielen Auftritte

Beschwingt und im Rhythmus fällt auch das Singen leichter

lodisch gelacht und mit „plopp, plopp" fallende Wassertropfen nachgeahmt. Erst nach diesen Übungen, die mit Spaß und Lachen absolviert werden, stellen sich die Ladies zum Singen auf in drei Reihen mit jeweils acht Sängerinnen auf einem dreistufigen Podest. Und jetzt wird es ernst. Denn die Probe ist diesmal eine der letzten vor dem großen Auftritt im Finale des SWR4 Chorduells 2014 auf dem Stuttgarter Schlossplatz. In den Vorentscheidungen hatten sich die A-Cappella Ladies nicht zuletzt wegen ihres erfrischenden etwas anderen Auftritts mit Barbershop-Musik gegen andere Chöre durchgesetzt, und

jetzt proben sie natürlich auf Sieg. Von einer Liste konnten sie für ihren Finalauftritt einen Titel auswählen. Als zweiten Titel singen sie mit ihrer prominenten Patin, der Schlagersängerin Ingrid Peters, deren wohl bekanntestes Lied „Afrika". Zuerst wird der ausgewählte Titel „Raise me up" geprobt. Geduldig werden Positionen festgelegt, der Text zuerst rhythmisch gesprochen, dann singen Alt und Tenöre immer wieder „When I am down…", die Bässe folgen mit „You raise me up…". „Super, ganz toll gemacht", lobt die Dirigentin. Den Tenören rät sie: „Bei Mountain, wenn ihr runtergeht, die Energie

raus!" Den Sopranen empfiehlt sie: „Lasst euch Raum über dem hohen Ton, ihr könnt noch höher, macht nicht den Kehlkopf zu". Von allen fordert sie doppelte Energie, halbe Lautstärke, Kohle nachschieben, Motor drosseln. Die Bewegung dabei muss aus dem Unterleib kommen, fährt sie fort. Die Arme sollen nach oben tauchen. „Aufwärts war's toll, aber abwärts schon nicht", kritisiert sie. Die Sängerinnen, das spürt man, folgen ihrer Dirigentin willig und hochmotiviert. Sie kommen übrigens aus den unterschiedlichsten Berufen. Eine ist Bankkauffrau, pflegt zurzeit ihren schwerkranken Schwiegervater und sieht den Chorgesang als Ausgleich dafür. Seit 2012 ist sie dabei, hat schon in anderen Chören gesungen, einen Kirchenchor geleitet und mit der Obertonmusik im Barbershop-Gesang eine neue Herausforderung gefunden. Eine andere Sängerin ist Hausfrau, Mutter von drei Kindern und seit 2008 dabei. Ihr ältester Sohn war ein Jahr, als sie begann. Mit ihrer tiefen Stimme gehört sie zum Bass, und es gefällt ihr, dass der beim Barbershop-Song für die rhythmischen Klänge zuständig ist.

Aber vor den großen Auftritten steht das lange, mühevolle Proben

Auch die Möglichkeit, durch Bewegung beim Singen Emotionen ausdrücken zu können, findet sie gut. Die Songs haben nicht viel Text, meint sie, dafür umso mehr Bewegung. Eine weitere Sängerin ist Kassiererin in einem großen Möbelhaus. Sie ist seit einem Jahr dabei, wurde von Freunden darauf angesprochen, kam zum Vorsingen, wurde einer Stimmlage zugeteilt und durfte zuerst auf Probe mitmachen. Nach bestandener Aufnahmeprüfung ist sie jetzt eine „richtige Lady". Eine Sängerin, die sich um die Öffentlichkeitsarbeit der Ladies kümmert, ist Gründungsmitglied, also von Anfang an dabei, war lange Präsidentin der A-Cappella Ladies und hat vorher mit der heutigen Dirigentin in einem Chor gesungen. Wegen ihrer tiefen Stimme wurde sie in gemischten Chören meist zu den Männern gesteckt, jetzt ist auch bei den Frauen Platz im Bass für sie. Sie schätzt, dass man in und mit diesem Chor musikalisch Geschichten erzählen kann. Von Beruf ist sie Diplompsychologin und arbeitet als Karriereberaterin. Choreografische Beraterin der A-Cappella Ladies ist eine Sängerin, die als Sportlehrerin arbeitet. Sie mag den Chor, weil man im Geben und Nehmen kommunizieren und aufeinander eingehen muss. Musikalisch fasziniert sie, dass beim Barbershop-Song schrille Akkorde in eine Harmonie münden und das manchmal, wenn alles zusammenpasst, als Sahnehäubchen quasi über den vier Grundtönen ein fünfter Oberton hörbar wird. Dass dieser Glücksfall bei den Ladies öfter eintritt, beweist ihr erfolgreiches Abschneiden bei den deutschen Barbershop-Meisterschaften,

bei denen sie 2012 den sogenannten Crescendo-Pokal gewonnen haben, der dem Chor verliehen wird, der seit der letzten Teilnahme die größten Fortschritte gemacht hat. Doch zurück zur aktuellen Probe. Da geht es nicht um Obertöne, sondern um eine perfekte Performance bei „Afrika", dem Titel, den der Chor beim SWR4 Chorduell im Finale vor großer Kulisse auf dem Stuttgarter Schlossplatz zusammen mit seiner Patin Ingrid Peters singen darf. Da ist von den Trommeln im tiefsten Dschungel und Beschwörungsformeln des Voodoo-Masters aus dem Dunkeln die Rede. Dazu sollen die Ladies Erstaunen und Erschrecken andeuten. Immer wieder fordert die Choreografin, den Arm mit ausgestreckter Hand aus dem Stand hochzurecken und dazu den Kopf ruckartig mit der Nase Richtung Achselhöhle nach unten zu nehmen. Noch sind die Sängerinnen nicht synchron, der angedeutete Schreck nicht groß genug. Die Empfehlung, an einen drohenden Panther zu denken, führt zwar nach dem Einwurf „Pink Panther" zu einem kurzen Lacherfolg, doch der Ernst stellt sich schnell wieder ein. Schließlich will man eine gute Figur machen und mit dem gewerteten Song „You raise me up" gewinnen.

Wettbewerbe sind eine besondere Herausforderung für den Chor. Dazu muss er aus seiner Alltagskomfortzone heraus und das Maximum bringen. Die Chancen stehen gut, Banner und Schilder zum Hochhalten beim Finale stehen für die Fans bereit, alle fiebern dem großen Auftritt entgegen.

Und tatsächlich! Nach einem spannenden Finale haben die Kornwestheimer A-Cappella Ladies das SWR4 Chorduell 2014 gewonnen und wurden zum besten Chor des Landes gekürt. Mit Jubelschreien und Freudentänzen wurde der Sieg gefeiert und danach dürfte auch mal ausnahmsweise ein feucht-fröhlicher Ausklang gefolgt sein. Der ist ja bei Sebastian Blaus *Gsangverei* immer das „End vom Liad" zusammen mit einem ordentlichen „Balle". So was gibt es natürlich bei den Ladies nicht, schließlich ist das auch nicht ladylike.

Nähere Informationen

www.acappellaladies.de
Chorprobe A-Cappella Ladies mittwochs von 19:15 Uhr bis 21:45 Uhr
Proberaum:
Bürgersaal in Kornwestheim-Pattonville, John-F.-Kennedy Alle 19/2, 70806 Korwestheim

Der Mond hat es den Menschen schon immer angetan

Von Mondfängern und Mondstupfern, die zu Ortsneckereien führten

Ernst Wintergerst

Der Mond zieht nicht nur während einer Mondfinsternis die Aufmerksamkeit auf sich

Nicht erst seit den letzten Jahren, sondern schon zu allen Zeiten hat der Mond, der seit Milliarden von Jahren stumm und treu die Erde begleitet, die Menschen beim Blick zum nächtlichen Himmel beschäftigt. Für die einen ist er ein tröstlicher Freund in der Einsamkeit, für andere der Helfer beim Schürfen großer Gedanken. Auch Liebende reklamieren ihn gerne für ihre wallenden Gefühle.

Gemessen am heutigen Stand der Technik erscheint das Bemühen unserer Altvordern, vom Mond Besitz zu ergreifen, sehr einfältig. Mag es Sage oder ein bisschen Wirklichkeit gewesen sein, mit diese Leute nach dem Erdtrabanten griffen und ihn gar herunterzuholen suchten, jedenfalls hat das wohl den Anlass zur Formung köstlicher Necknamen für die betreffenden Gemeinden gegeben. Ihre Zahl ist allein in Württemberg und Hohenzollern ziemlich groß, wie die nachstehende Auslese zeigt.

Da wird erzählt, dass die Dotternhausener einst leichtes Spiel mit dem Mond zu haben glaubten, als er langsam über den Plettenberg kroch. Die verwegensten Bürger seien darauf mit langen Stangen ausgezogen, um den kecken Trabanten einfach „herunter zu stupfen". Dieses vergebliche Bemühen brachte ihnen und ihren Nachkommen den Übernamen „Maofänger" ein, was auch in einem Kunstwerk in der Festhalle von Dotternhausen

festgehalten wird. Auch die Narrenzunft nimmt den Necknamen nicht allzu ernst, sondern kann mit den „Mondstupfern" über den Necknamen sogar noch lachen.

Ähnliche Absichten auf den Mond haben anscheinend auch einmal die Ebinger gehabt. Nicht von ungefähr berichtet die Sage davon und hat ihnen außer dem bekannten Necknamen „Hannebel" noch den Übernamen „Maovergaoper" eingetragen. Sie wollten den Mond einmal mit einem Kübel aus dem Stadtbrunnen fischen. Mit viel Mühe hatten sie den Begehrten glücklich da drin. „So, Männdle, jetzt bisch gfange! Vergao'pet-en it!", riefen sie und trugen voller Freude den Kübel weg. Auf einmal schrie einer entsetzt: „O je, dr Mao isch furt. Morom haont ihr ao so

gao'pet?" Seitdem neckt man die Ebinger auch als „Maovergaoper" (Mondverschütter).

Sie befinden sich in guter Gesellschaft mit den Alpirsbachern, denn dort sind die Mondstupfer daheim. In Belsen wiederum weiß jedes Kind, wer mit der Bezeichnung „Maofanger" gemeint ist.

Auch die Böttinger, der Ort liegt bei Spaichingen, werden als „Maostupfer" bezeichnet, ebenso wie die Schömberger und Roßwanger. Die Kiebinger und Kuppinger werden seit eh und je als „Mondfänger" geneckt. Ein Bauer aus Kiebingen, so geht die Sage, sah eines Abends den Mond im Neckar

In Dotternhausen gründete man eine eigene Fasnachtsgruppe, die Mondstupfer

und zeigte es im Dorfe an, dass man den Mond fangen könne, da er im Neckar liege. Alsbald nahm er selbst ein Netz, und viele Leute zogen mit dem Mann zum Neckar und sahen gespannt zu, wie er versuchte, den Mond zu fischen und zu fangen. Allein der Mond schlüpfte immer wieder aus dem Netz heraus.

Ein anderes Mal wollten die Kiebinger den Mond im Schweinestall fangen und festhalten; aber sie konnten die Tür nie schnell genug zumachen. Dabei ärgerte sie der Mond noch, denn so oft sie die Tür wieder aufmachten, saß der Mond vor ihrer Nase schon wieder drin, wollte sich aber durchaus nicht einsperren lassen. Weil die Kiebinger den Mond aber doch gar zu gern gehabt hätten, so nahmen sie später nach dem Beispiel der Dotternhausener eine lange Stange und wollten ihn vom Himmel wie einen Apfel vom Baum herunterstoßen.

Allein die Stange war nicht lang genug. „Man muss sie strecken!", sprach einer der Mondstupfer. Und sofort fassten zwei starke Bauern die Stange an beiden Enden an, um sie auszudehnen, zu strecken. Sie zogen und zogen daran, bis endlich der Stärkere den andern niederriss und allein mit der Stange fortlief. „Es gaht, es gaht!" rief er und rannte immer weiter bis ins Dorf, indem er meinte, dass sich die Stange dabei verlängere. So kamen die Kiebinger zu dem Doppelnamen „Mondfanger und Stangenstrecker".

Die Figur des „Mondstupflers" hat die Stadt Heubach geprägt. Eine Sage erzählt, dass die Heubacher Bürger vor vielen Jahren bei Nacht auf den Rosenstein stiegen. Sie wollten den Mond mit langen Stangen vom Himmel ho-

len. Im Jahr 2001 wurde das Thema „Mondstupfler" von den örtlichen Kindergärten, Schulen und Jugendgruppen im Zusammenhang mit dem Kinderfest aufgegriffen und jede Gruppe konnte ihren eigenen Mondstupfler phantasievoll gestalten. Noch heute sind diese im Stadtbild zu entdecken.

Zu den Mondfängern zählen auch die Altdörfer bei Nürtingen, dann die Altheimer bei Saulgau, die Belsener im Kreis Tübingen, während in Bad Cannstatt und Lauffen am Neckar seit alters her die Mondlöscher daheim sind. So geht es kreuz und quer mit den Ortsneckereien, die dem Mond verbunden sind, durch das ganze Land. Niemand stößt sich daran, weil man doch überall einen Spaß vertragen kann. Rudolf Kapff, ein verdienstvoller Namensforscher, hat in diesem Zusammenhang einmal festgestellt: „Von allen guten Geistern verlassen sind die Orte, über die sich nichts Besonderes sagen lässt".

Die bereits erwähnten Kuppinger müssen schon immer über ihren Mond viel hören. Der Volksmund weiß u.a. zu erzählen: Auf dem Cannstatter Volksfest war auch einmal der Heiligenpfleger von

Das Häs eines Mondstupfers

Kuppingen in seiner herkömmlichen Tracht erschienen. Der gute alte König Wilhelm sah ihn und knüpfte mit ihm ein Gespräch an. Man unterhielt sich über die Ernte, das Wetter und so allgemeine Dinge, bis dann der König fragte: „Ja, und was macht auch der Kuppinger Mond?" „O, Herr König", antwortete der Heiligenpfleger in seiner knitzen Art, „dear ischt ons treu blieba und hot ao schao manchem hohe Herra hoimzonda!"

Eine hübsche Geschichte sei zum Schluss noch über den „Haller Mond" berichtet: Auf der Kocherbrücke zu Hall stand einmal in

später Abendstunde ein Fremder und betrachtete den Fluss und die Stadt, die vom Vollmond mit magischem Licht übergossen wurde. Da kam ein Haller Salzsieder über die Brücke, der wohl, wie sein Gang zeigte, ein Gläschen über den Durst getrunken hatte. In dem Fremden regte sich der Schalk, und er fragte den Haller: „Lieber Freund, können Sie mir vielleicht sagen, ob das der Haller Mond oder ein anderer ist?" Der Haller war aber nicht so dumm, wie er auszusehen schien, und antwortete: „S tut mer laad, dass i net diene ka; wisset Se, i bi selwer net von hie!"

Nähere Informationen
narrenzunft-dotternhausen.de

Was die Liebe ist!

Herr Professor Dr. Schlicht
hält in Prima voll Genie
geographisch Unterricht,
über Preußen sprechen sie;
mit viel Städten, Seen und Flüssen,
denn Primaner müssen's wissen.
Plötzlich wendet sich Herr Schlicht
an den Primus, und er spricht:
„Sagen Sie, mein lieber Wiebe,
sagen Sie, was ist die Liebe?"
Wiebe, der wird puterrot,
schämt sich ob der Frag' halb tot.
Plötzlich stottert er und spricht:
„Liebe – Liebe ist,
wenn man küßt."
„Sie verstanden mich wohl nicht"!
sagt Herr Professor Dr. Schlicht.
„Nächster, wissen Sie es nicht?"
Der Sekundaner war sehr klug,
er wußte von der Liebe grad genug.
Darum disputiert er fein:
„Liebe teilt man dreifach ein:
Lieb' zum Freunde, Lieb' zum Weibe,
Lieb' zum …"„Sie faseln,
wie mir scheint!" unterbricht
Herr Professor Dr. Schlicht.
„Nächster, wissen Sie es nicht?"
Doch dieser Nächste war ein Schwärmer,
und sein Herz schlug eben wärmer,

denn er machte ein Gedicht
auf ein Mädchenangesicht.
Und da man ihn nun fragte,
er voll Schwärmerei gleich sagte:
„Die Liebe ist des Jünglings Sehnen,
zieht ihm das Herz zur Jungfrau hin,
wenn ihn die Jungfrau unter Tränen
des süßen Schmerzes trägt im Sinn.
Ein Mädchenbild, so hold und rein,
das ist die Liebe ganz allein!"
„Sie sind ein Esel!" ruft
Herr Professor Dr. Schlicht
und schnappt vor Wut nach Luft.
„Das Abitur besteh'n Sie nicht!"
„Nächster, auf der Stell'
aber sagen Sie es schnell!"
Reixel, bester Geograph,
sonst ein Schaf.
Muttersöhnchen, kennt man schon!
„Die Liebe, Herr Professor, ist –
wenn mich meine Mami küßt!"
„Was, auch Reixel weiß es nicht?"
Was der ganze Unsinn soll,
die Sache wird mir doch zu toll!
Die Liebe ist, mein lieber Reixel,
ein rechter Nebenfluss der Weichsel!"

Sammlung Wolfgang Walker

Gewinner des Preisausschreibens Schwäbischer Heimatkalender 2014

Lösung des Preisausschreibens 2014

Das Lösungswort lautete „Eisenbahn".

Wir freuen uns, dass die Zahl der richtigen Einsendungen wieder sehr groß war und danken allen Leserinnen und Lesern für die Teilnahme.

Das Los musste entscheiden und wir gratulieren allen glücklichen Gewinnern ganz herzlich.

Die Preise

1. Preis: Buch „Jörg Oberste, Die Zisterzienser":
Gertrud Gassmann, Keplerstr. 30,
70825 Korntal-Münchingen
2. Preis: Buch „Dieter Berg, Heinrich VIII.":
Wolf-Peter Leesch, Breslauer Str. 88c, 97877 Wertheim
3. Preis: Buch „Henning Börm, Westrom.
Von Honorius bis Justinian":
Anne Roß, Oberer Weg 5, 73773 Aichwald
4.–20. Preis: Buch „Peter-Michael Hahn,
Friedrich II. von Preußen":

Ingrid Gottschalk, Theodor-Heuss-Str. 68, 71735 Eberdingen; Robert Reineke, Uhlandstr. 2, 73773 Aichwald; Gerda Oppermann, Holunderweg 8, 75443 Ötisheim; Manfred Hagen, Fliederweg 15, 89584 Ehingen; Otto Schradi, Finkenweg 9, 71277 Rutesheim; Margarete Bremer, Fideliostr. 6, 70597 Stuttgart; Brigitte Krauß, Tübinger Str. 53, 71144 Steinenbronn; Uwe Steitz, Tierbergerstr. 17, 72459 Albstadt; Paul Scholpp, Wendelsteinstr. 21, 85435 Erding; Willi Meißner, Schlesienstr. 5/1, 71069 Sindelfingen; Marta Scholz, Riesestr. 11, 72459 Albstadt; Winfrid Alber, Gebelsbergstr. 20, 70199 Stuttgart; Karl Ertinger, Berliner Str. 44/1, 88499 Riedlingen; Rose Preiß, Wilhelmstr. 23, 89542 Herbrechtingen; Ernst Steeb, Höringersteig 18, 89143 Blaubeuren; Gerhard Natale, Wilhelmstr. 20, 74321 Bietigheim-Bissingen; Rolf und Silvia Gauger, Alter Lauffener Weg 15, 74336 Brackenheim

---

Preisausschreiben Schwäbischer Heimatkalender 2014

Wir wünschen viel Spaß beim Raten!

1. Stuttgart hat schon immer mit architektonischen Besonderheiten Furore gemacht. 1927 entstand auf dem Killesberg eine Wohnsiedlung des „Neuen Bauens". Gesucht wird der 2. Buchstabe.
2. Eines der bekanntesten Mundartgedichte von Sebastian Blau beginnt mit den Worten: „Täufe, Haozich oder Leich – wa ma' feiret, sell ist gleich, d Hauptsach ist ond bleibt dabei neabem Pfarr dr…"! Wer oder was ist nach Ansicht Blaus neben dem Pfarrer die Hauptsache beim Feiern? Notieren Sie den 2. Buchstaben.
3. 2014 haben die Mercedes Silberpfeile die Formel 1 dominiert. Da wurden auch wieder Erinnerungen an die 1950er Jahre wach, als Juan Manuel Fangio und Karl Kling große Erfolge feierten. Dritter im Rennteam war damals ein Stuttgarter, der schon als Kind davon träumte, Rennfahrer zu werden. Gefragt ist der 2. Buchstabe seines Zunamens.
4. Auf wen gehen Ortsnamen wie Perouse, Pinache oder Serres zwischen Pforzheim und Vaihingen/Enz zurück? 3. Buchstabe.

5. Ein Sohn des Limpurger Lands war Musiker, Dichter und kritischer Journalist. In Obersontheim wurde er geboren. Letzter Buchstabe seines Familiennamens.
6. Nach dem Sieg von Conchita Wurst für Österreich beim ESC 2014 sind Travestiekünstler wieder gefragt. Welcher gebürtige Riedlinger ist bei uns seit Jahren als Fräuleinwunder unterwegs? 2. Buchstabe des Namens der Kunstfigur.
7. Zweiter Buchstabe einer bei Ausflüglern und Wanderern beliebten Schlucht in der Nähe von Blumberg. Sie trägt den Namen eines Flusses, der nach schlechter Laune klingt.
8. Zum Schluss klopft noch der Vogel des Jahres 2014 an. Mit dem 2. Buchstaben seines Namens ist das Lösungswort komplett.

Einsendeschluss ist der 1. März 2015. Bitte senden Sie Ihre Lösungen an:

Verlag W. Kohlhammer, Lektorat Dr. Daniel Kuhn, Heßbrühlstr. 65, 70565 Stuttgart

Das schwäbische Bücherbrett

Hanno Gerwin (Hrsg.)
Abgeordnetenbibel
Landtagsabgeordnete Baden-Württembergs und ihre Bibelstelle
180 Seiten, Broschur, € 14,90
verlag regionalkultur
ISBN: 978-3-89735-762-4
Die Idee ist interessant: Abgeordnete des baden-württembergischen Landtags erzählen, welche Bibelstelle ihnen die wichtigste ist. Ganz unterschiedliche Zugänge zur Bibel zeigen sich, persönliche, politische, ethische – immer aber ganz persönliche Einblicke. Leider haben nicht alle Abgeordneten Einblicke geben wollen, doch die, die es getan haben, überzeugen. Ein Buch zum Blättern und Stöbern.

Sabine Ries
Best of Baden-Württemberg
Ziemlich beste Ziele
128 Seiten, Broschur, € 9,90
Silberburg-Verlag
ISBN: 978-3-8425-1294-8
Die in den Band aufgenommenen Ziele sind liebevoll ausgesucht, der Band ist gut bebildert und gibt einen ersten Eindruck von der Vielfältigkeit Baden-Württembergs. Wer kurze Anregungen sucht oder

über Ausflugsziele kurz informiert werden möchte, kann guten Gewissens zu diesem Buch greifen.

Peter Steinbach (Hrsg.)
Wege in die Moderne
Eine Vorgeschichte der Gegenwart im deutschen Südwesten
293 Seiten, fester Einband, € 7,50
Landeszentrale für politische Bildung Baden-Württemberg, zu beziehen unter:
www.lpb-bw.de/publikationen.html
Im 19. Jahrhundert prägten sich die wesentlichen Institutionen und Werte aus, die bis heute bestimmend sind: Demokratie, Parlamentarismus, Liberalismus und die bürgerliche Freiheit. Der Band präsentiert Entstehung und Wandel solcher Themenfelder und zeichnet die grundlegenden Linien dieser „Modernisierungsprozesse" in Gesellschaft, Bildung und Politik nach.

David Depenau
Die Ortsnecknamen in Heidelberg, Mannheim und dem Rhein-Neckar-Kreis

Von Bloomäuler, Lellebollem und Neckarschleimer
128 Seiten, fester Einband, € 13,90
verlag regionalkultur
ISBN: 978-3-89735-205-2
Ortsnecknamen sind weit verbreitet, „Mondstupfer", „Polen" oder „Erbsinder" sind bekannt. Der anzuzeigende Band zählt kurzweilig die wichtigsten Ortsnecknamen des Rhein-Neckar-Kreises auf und erzählt in kurzen Abrissen das Zustandekommen des Ortsnecknamens. Wer also wissen will, was sich hinter „Hewwl", „Ratze" oder „Hoben" verbirgt, greife zu diesem abwechslungsreichen und informativen Buch.

Andreas Förster (Hrsg.)
Geheimsache NSU
240 Seiten, fester Einband, € 14,99
Klöpfer & Meyer
ISBN: 978-3-86351-086-2
Der Nationalsozialistische Untergrund konnte in Deutschland ungestört morden, ohne dass das Muster fremdenfeindlicher Morde aufgefallen wäre, mehr noch die Opfer wurden zu Tätern gemacht. Die Untersuchungsausschüsse und das Münchener Gerichtsverfahren gegen Beate Zschäpe werden in diesem Buch zusammengefasst und aufgearbeitet. Als Zwischenfazit zur Aufarbeitung des NSU ist das Buch gut geeignet, man erfährt mehr als das übliche Zei-

tungswissen. Für Interessierte ist das Werk gut geeignet.

Tina Krehan
Stuttgart wimmelt
16 Seiten, fester Einband, € 14,90
Silberburg-Verlag
ISBN: 978-3-8425-1309-9
Ein Wimmelbuch über Stuttgart! Mehr gibt auf den ersten Blick eigentlich nicht zu sagen, vieles gibt es zu entdecken, nicht nur den Schlossplatz, sondern auch die Wilhelma, den Cannstatter Wasen, man erkennt den Fernsehturm und den Hauptbahnhof mit der berüchtigten Baustelle im Hintergrund. Begleitet wird man stets auf jeder Seite durch den Papagei Rufus und den Hund Theo. Liebevoll gezeichnet, hochwertig produziert und ein Blickfang nicht nur für die ganz Kleinen.

Bernd Weiler
Die Tote vom Steg – ein Bodenseekrimi
200 Seiten, Broschur, € 10,95
Oertel und Spörer
ISBN: 978-3-88627-914-2
Eine Tote, ein Geheimnis, eine die Grenzen überschreitende Ermittlung. So kann man den neuen Bodenseekrimi von Bernd Weiler zusammenfassen. Sehr kurzweilig und spannend geschrieben, führt der Autor in einen Abgrund aus Geheimdiensten und Diplomaten, die ihr Treiben vor dem Hintergrund des Bodensees entfalten.

Inserentenverzeichnis

Abbildungs- und Quellennachweis

4: Wikipedia/Klaus Nahr, 9: Karin Blessing, 15: Julia Zubcic, 23: Kletterpark Hohenlohe, 25: Gemeindeverwaltung Lichtenstein, 27: Krippenmuseum Oberstadion/Klaus Schwenning, 30: Wolfgang Walker, 31 oben: Wikipedia, 31 unten: Wikipedia/Rosenzweig, 32: Wikipedia, 34 oben: Wikipedia/Rosenzweig, 34 unten: Jürgen Weller, 35: Wikipedia, 36 oben: Wikipedia/Lotus Head, 36 unten: Wikipedia/Matthias Süßen, 37 oben: Andreas Balko, 37 unten: Stadt Gaildorf, 38 oben: Wikipedia, 38 unten: Bernd Haynold, 39 oben: Sieger Köder, Hühnerwunder, Jakobuskapelle Wöllstein, 39 unten: Klaus-Peter Beck, 40 oben: Bernd Haynold, 40 unten: Gräfin Adelmann, 41 oben: Stadt Ellwangen, 42–45: Friedbert Zapf, 47: Schwarzwaldverein/K. Asal, 48 oben: Regierungspräsidium Freiburg, U1, 48 unten: Peter Lutz, 49: Peter Lutz, 51: Haible, 52 oben: Walter, 52 unten: Haigis, 52 rechts: Stolz, 53, 54: Schwäbische Albvereinsjugend, 55: NABU/P. Kühn, 56–58, U1: Wolfgang Walker, 59, 60, 62: Bernd Reißmüller, 66: Monica Wejwar, 67: Lokale Agenda Magstadt/Christian Bennman, 66: Landfrauen Baden-Württemberg, 70: Andreas Schwarzkopf, 71: Wikipedia/Bielibob, 72–74: Alfred Hinderer, 75: Bürgermeisteramt Wiernsheim, 76 oben und links: Wikipedia, 76 unten: Waldenservereinigung, 77, 78: Wikipedia, 79 oben: Wikipedia/Shaqspeare, 79 unten: Wikipedia/Knipserin, 80 oben: Wikipedia/Shaqspeare, 80 unten: Wikipedia/Andreas Praefcke, 81: Wikipedia/ Andreas Praefcke, 82 oben: Wikipedia/Sailko, 82 unten: Wikipedia/SchiDD, 83: Wikipedia, 84, 85: Markus Stricker, 87–89: Michael Panzer, 91: Stadt Maulbronn, 92: Christa Hess, 94: Christa Hess, 95–97: Andi Schmid, 99: Wikipedia/3268zauber, 98 unten: Wikipedia, 98 oben rechts und links: Speick Naturkosmetik, 99: Speick Naturkosmetik, 102 unten: Speick Naturkosmetik, 102 oben: Wikipedia/Popie, 103, 104, U1: Benny Ulmer, 106: Wikipedia/BlueFish, 107: Wikipedia/Lutz H., 108 oben rechts: Wikipedia, 108 oben links: Hans Hermann, 108 unten: Hans Hermann, 109: Hans Hermann, 110, 111: Jörg Holzwarth, 113, 114: Bart- und Schnauzerklub Schömberg, 115 oben: Bart- und Schnauzerklub Schömberg, 115 unten: Markus Bross, 116 unten: Bart- und Schnauzerklub Schömberg, 117, 118: A-Cappella-Ladies, Kornwestheim, 120 oben: US Navy, 120 unten: Narrenzunft Dotternhausen, 121: Narrenzunft Dotternhausen, 128: Wikipedia/Rainer Zenz

Dr Gsangsverei

Sebastian Blau

Täufe, Haozich oder Leich –
wa ma' feiret, sell ist gleich,
d Hauptsach ist ond bleibt debei
neabem Pfarr dr Gsangverei'!

Becke', Metzger, Schuaster, Schneider,
dicke Wiit ond Hongerleider,
Apotheker ond Kanditer,
Leiche'säger, Hoachzichbitter,
Küafer, Ipser, Kemmigfeager,
Fedre'fuchser, Heilige'pfleager,
Stadtakziser, Fleischbeschauer,
Kupferschmied ond Feile'hauer,
Wengerter ond Kappe'macher,
jonge Spritzer, alte Kracher,
Älles ist em Gsangverei' -
so muaß sei'!

D Hauptsach aber konnt am End:
ao dr schö'gst Verei', wa wär r
aohne reachte' Dirigent,
aohne de' Herr Lehrer?

So e' Ma' konnt et zom gruabe',
dear ist überlengt s ganz Johr:
tagsüb haut r d Schulerbuabe',
obneds hot r Kiche'chor,
Gsangverei' ond Geige'stonde',
sonntigs orgle' en dr Kerch –
so e' Gschäft macht ao en Gsonde'
rabiat ond überzwerch!

Älle standet uf me'Haufe',
jeder huastet nohmal gschwend,
aber wenn dr Dirigent
mit em Taktstock s Zoiche' geit,
guck, noh traut se koa'r maih z schnaufe' –
passet uf, etz ists soweit:

Wia fahret dia Mäuler sperrangelweit uf,
wia juzget dia Manne' ond kommet et nuf!
Vo' onte' ruf brommlet, wia aus eme' Faß,
ganz tiaf ond hohl e' Bierbrauersbaß!

Dr Dirigent ist ganz verboge',
es platzt ehm schier sei' Brotesrock,
r fuchtlet mit de Elle'boge'
ond schlait em Takt mit sein Stock.

Etzt leget se laos, etzt ist ehne s gleich,
wia zittret dia Schnauzbärt, wia wacklet dia Bäuch!
Se senget so schö', ond se senget so laut,
se senget vom Rehlein ond »Wer's uns getraut«,
ond se machet ganz spitzige Mäule';
se klagnet, se häbe koa' Schätzele maih –
ond s wurd ehne' selber ganz wend ond ganz waih,
ond am liabste' tätet se heule' …

So e' Gsang ghot oa'm ufs Gmüat,
aber wa ist s End vom Liad?
Daß se durstig send ond müad.
Dorom täts em Gsangverei'
deane Leut et halb so gfalle',
käm et noh dehente'drei
älle'mol e' Balle'!

*Mit freundlicher Genehmigung
der Stadt Rottenburg am Neckar.*

Der motorisierte Erlkönig

Wer rast so spät durch Nacht und Wind?
Der Vater auf dem Motorrad, mit seinem Kind.
Der Sohn sitzt im Beiwagen sicher und warm,
der Vater fährt Zick-Zack, daß Gott erbarm!

„Mein Sohn, was birgst du so bang dein Gesicht?"
„Spürst, Vater, du den Regen nicht?"
„Sei ruhig, mein Sohn, ertrage den Regen mit
Schneid.
Jetzt wirst du gewaschen, es war höchste Zeit!"

„Mein Vater, mein Vater, ich bitt' dich, paß auf,
sonst fährst du auf den Laternenpfahl drauf!"
„Das Pfählchen, das kleine, wozu das Geschrei?"
Schon saust er um Haaresbreite vorbei!

„Mein Vater, mein Vater, und siehst du nicht dort,
die Gans auf der Straße, oh scheuche sie fort!"

„Das Mistvieh, das seh' ich, ich bin ja nicht dumm.
Das gibt einen Braten, die fahr' ich gleich um!"

„Mein Vater, mein Vater, jetzt tut's einen Knall!"
Der Scheinwerfer splittert, ein Schrei und ein Fall,
die Straße färbt sich vom Blute so rot,
das Söhnchen, das lebt, doch die Gans, die ist tot!

Den Vater grauset's nach dem argen Rutsch,
was nützt ihm die Gans,
das Motorrad ist futsch!

Sammlung Wolfgang Walker

Hans und Liese

Durch den Wald gehen Hans und Liese,
ihrem Heimatdörfchen zu –
an der Hand hält Hans die Liese,
an der andren Hand die Kuh.

Und der Wald wird immer finstrer,
Liese fängt zu weinen an –
Hans, jetzt wirst Du mir was tuen,
Hans jetzt tust Du mir was an.
Kind, ich kann Dir doch nichts tuen,

weil ich die Kuh nicht halten kann –
Hans, sprach da die Liese schüchtern:
Hans, dann binde sie doch an.

Sammlung Wolfgang Walker

Der Ball der Tiere

„Wir geben einen Ball", sagte die Nachtigall.
„Was werden wir speisen?" fragten die Meisen.
„Strudel!" bellte der Pudel.
„Was werden wir trinken?" sagen die Finken.
„Bier!" brüllte der Stier.
„Wein!" grunzte das Schwein.
„Kümmel!" wieherte der Schimmel.
„Auch Tee!" bat das Reh.
„Wir werden tanzen", sagten die Wanzen.
„Wer wird uns blasen?" fragten die Hasen.
„Ein Hirt wird flöten", unkten die Kröten.
„Wie lange?" fragte die Schlange.
„Bis zwölfe!" heulten die Wölfe.
„Aber wo?" fragte der Floh.
„Im Jägerhaus", sagte die Maus.
Und damit war die Sitzung aus.

Sammlung Wolfgang Walker